唐宋史料筆記叢刊

范成大筆記六種

〔宋〕范成大 撰
孔凡禮 點校

中華書局

圖書在版編目(CIP)數據

范成大筆記六種/(宋)范成大撰;孔凡禮點校.—2 版.
—北京:中華書局,2019.3 (2025.1重印)
(唐宋史料筆記叢刊)
ISBN 978-7-101-12807-9

Ⅰ.范… Ⅱ.①范…②孔… Ⅲ.①筆記-作品集-中國-宋代②中國歷史-史料-宋代 Ⅳ.K244.066

中國版本圖書館 CIP 數據核字(2017)第 224818 號

特約編輯:王 勇
責任編輯:胡 珂
責任印製:韓馨雨

唐宋史料筆記叢刊
范成大筆記六種
〔宋〕范成大 撰
孔凡禮 點校
*
中華書局出版發行
(北京市豐臺區太平橋西里 38 號 100073)
http://www.zhbc.com.cn
E-mail:zhbc@zhbc.com.cn
北京新華印刷有限公司印刷
*
850×1168 毫米 1/32 · 10⅜印張 · 2 插頁 · 159 千字
2002 年 9 月北京第 1 版 2019 年 3 月北京第 2 版
2025 年 1 月北京第 8 次印刷
印數:14701-15200 册 定價:45.00 元

ISBN 978-7-101-12807-9

范成大筆記六種總目

攬轡録

目録

點校説明

范成大，字致能，吴郡人。紹興二十四年（一一五四）進士，官至參知政事。事迹詳宋史本傳。本書包括殘本在内，是范成大現存筆記共六種，按照寫作時間排列，第一種是作於宋孝宗乾道六年（一一七〇）的攬轡録。

攬轡録的歷史研究價值很高。

第一，該書逐日詳細記載了從宋、金分界綫的泗州（根據隆興和議）進入金國直至金國統治中心燕山（金稱中都，今北京市）的全部行程，包括所經歷的府、縣、鎮、山、河的名稱以及府、縣、鎮間的距離里程，還考察了一些名勝古迹。這些都是研究金代歷史地理的第一手資料。

第二，本書比較詳細地記載了金中都宫殿的布局。這些記載，往往可以作為金史卷二十四中都路的印證和補充。個别地方，不僅僅是補充，而且是訂正。百衲本影印元至正刊本金史中都路云及「大安殿之東北為東宫，正北列三門，中曰□英」。

武英殿本金史補「粹」字，成為「粹英」。中華書局點校本金史遂據武英殿本補「粹」字。按：本書有大安殿「直北面南列三行門，中曰集英門」之語。據此，元至正刊本「□英」乃「集英」，武英殿本「□」作「粹」字，係臆補，非是。今點校本金史應據本書改正。

第三，范成大留心各種各樣的人和事，是一個有心人。他在金國度過的時間，不過兩個月左右，在行動受到限制的情況下，通過閱讀金國出版的金國文學家的著作（如趙可文集，其書已久佚），通過對金人的有限接觸，考察了金國一些文、武官員的情況，記録在本書裏（詳見本書附録李心傳建炎以來繫年要録涉及攬轡録的有關文字），應該説，這是非常不容易的。這些記録，都是研究金國歷史的十分重要的資料。

第四，宋光宗紹熙三年（一一九二），當范成大還在世的時候，他的好朋友陸游，就讀到了本書，見本書中所言「中原父老見使者多揮涕」，乃「感其事作絶句」（陸游詩見本書附録）。表達遺民懷念故國、迫切希望恢復的心情，是本書的重要主旨。

此外，范成大注意到了在金國生活的老百姓「久習胡俗，態度嗜好與之俱化」，這當然主要是指年輕一代人。這就是説，時間對於恢復事業非常不利。這裏，我們可以感受到作者深深的憂慮。

范成大作為一個堅定的與深沉的愛國者所作的以上這些記叙，毫無疑問，是本書中最有歷史價值的部分。

然而，流傳到現在的本書，却是一個經過删節以後的殘本。周必大平園續稿卷二十二資政殿大學士贈銀青光禄大夫范公成大神道碑著録本書，為一卷。這是就收入一百三十六卷本的石湖集或石湖大全集説的。參拙輯范成大佚著輯存卷末附范成大著述目録。此本亦有單行本。

另有單行二卷本，郡齋讀書志附志著録，見本書附録。清人周中孚否定二卷本，一則因為一卷本單行本有著録，二則因為涵芬樓鉛印本説郛書名攬轡録之下注「册全」，三則因為周氏没有考察宋黄震黄氏日鈔、李心傳建炎以來繫年要録等書，没有見到永樂大典殘卷。周氏於是錯誤地認定知不足齋叢書本本書為足本。

還有，周氏没有注意到，陸游所言「中原父老見使者多揮涕」，聯繫石湖居士詩集卷十二州橋「州橋南北是天街，父老年年等駕回，忍淚失聲詢使者，幾時真見六軍來」，可以肯定本書有多處記叙使者與父老相見時生動、形象感人至深的文字。而今傳本本書只是在相州有「遺黎」云云十九字及此。

今本本書不足三千字。今傳吴船録，爲二卷，乃足本，凡二萬餘字。估計本書足本與吴船録字數相彷彿。本書曾有二卷本流傳過，是無可懷疑的事。

本書足本，明文淵閣書目、菉竹堂書目尚有著録。明嘉靖間盧襄刊刻包括本書在内的石湖紀行三録，已不見本書足本，其亡佚當在明中葉略前。

本書今傳本有：

一、説郛本皆收涵芬樓鉛印本、宛委山堂本。

二、寶顔堂祕笈本收入普集。輯刻者陳繼儒云「抄自説郛」。

三、續百川學海收入己集。

四、裨乘本。

五、知不足齋叢書本。據明盧襄本刻。盧本已不傳。

各本之中，涵芬樓鉛印本説郛文字最佳，次爲知不足齋本。今以前者爲底本，校以後者。元王惲玉堂嘉話、永樂大典所引録的本書文字，亦據以參校。

宋黄震黄氏日鈔卷六十七范石湖文攬轡録節文，乃自本書足本節出。黄氏節録足本時，有自己的思路，以故其文字不能直接補入今本本書，只能與今本本書起相互印證、相互補充的作用。黄氏節文個别處以己意叙述，但從全局看，仍可以佚文對待。今單獨録出黄氏節文。黄氏日鈔今尚有元刻明遞修本、明刻本、清乾隆三十二年刻本傳世。前二者收北京圖書館善本部。今用元刻本。

李心傳建炎以來繫年要録引本書足本凡十二處。今録出其文字，以為全面了解、研究本書足本必不可少的依據。

不妥之處，尚望讀者指正。

孔凡禮　一九九七年十二月

攬轡録

乾道六年閏五月戊子，成大被命以資政殿大學士與崇信軍節度使康諝為奉使大金國信使副。

六月甲子，出國門。

八月戊午，渡淮，虜遣尚書兵部郎中田彦皋、行侍御史完顔德温為接伴使副，皆帶銀牌。虜法，出使者必帶牌，有金、銀、木之别。上有女真書「准敕急遞」字及阿骨打花押宣差者。所至視三品；朝旨差者視五品。

庚申，過虞姬墓。墓在路左，雙石門，出叢草間。往來觀者成蹊。

甲子，至南京。虜改為歸德府。過雷萬春墓。環以小牆，榜曰「忠勇雷公之墓」。西門外，南望有宋王臺及張巡、許遠廟，世稱雙廟，睢陽人又謂之雙王廟。

丙寅，過雍丘縣。二十里，過空桑，世傳伊尹生於此。一里，過伊尹墓。道左有磚堠石刻云〔二〕：「湯相伊公之墓。」過陳留縣，縣有留侯廟。西門外十里孟莊有孟姜女廟。

丁卯，過東御園，即宜春苑也。頹垣荒草而已。二里，至東京，虜改為南京。入新宋門，即朝陽門也，虜改曰弘仁門。彌望悉荒墟。入新宋門，即麗景門也，虜改為賓曜門。過大相國寺，傾簷缺吻，無復舊觀。橫入東御廊門，絶穿橋北馳道，出西御廊門，過交鈔處。交鈔所者，虜本無錢，惟煬王亮嘗一鑄正隆錢，絶不多，餘悉用中國舊錢，又不欲留錢於河南，故仿中國楮幣，於汴京置局造官會，謂之交鈔〔二〕，擬見錢行使，而陰收銅錢，悉運而北，過河即用見錢，不用鈔。鈔文曰：「南京交鈔所，准户部符尚書省批降檢會，昨奏南京置局即造一貫至三貫例交鈔〔三〕，許諸人納錢給鈔，河南路官、私作見錢流轉。若赴局支取〔四〕，即時給付，每貫輸工墨錢十五文。七年納換，别給錢，以七十為百。偽造者斬，捕告者賞錢三百千。」前後有户部幹當令使〔五〕、幹當官、交鈔庫使副書押，四圍畫雲鶴為飾焉。入都亭驛歇泊。舊京自城破後，瘡痍不復。煬王亮徙居燕山，始以為南都。獨崇飾宫闕，比舊加壯麗，民間荒殘自若。新城内大抵皆墟，至有犁為田處。舊城内粗有市肆，皆苟活而已。四望時見樓閣峥嶸，皆舊宫觀、寺宇，無不頹毁。東京虜改為南京，民亦久習胡俗，態度嗜好與之俱化。男子髡頂，月輒三四髡，不然亦間養餘髮，作椎髻於頂上，包以羅巾，號曰蹋鴟，可支數月或幾年。村落間多不復巾，蓬辮如鬼，反以為便〔六〕，最甚者，衣裝之類，其制盡為胡矣。自過淮已北皆然，而京師尤甚。惟婦女之服不甚改，而戴冠者絶少，多綰髻，貴人家即用珠瓏璁冒之，謂之方髻。

庚午，出驛，循東御廊百七十餘間，有面西櫺星門，大街直東，出舊景靈，東宫也。過櫺星門，側望端門，舊宣德樓也。虜改為承天門。五門如畫。兩旁左右昇龍門，東至西角樓，轉東鑰匙頭街，御廊對皇城。俱東，出廊可二百間許，過左掖門，至皇城東角樓，廊亦如畫。出樊樓街，轉土市馬行街，出舊封丘門，即安遠門也。虜改為玄武門。門西金水河，舊夾城曲江之處。河中卧石礧磈，皆艮岳所遺。過藥市橋街、蕃衍宅、龍德宫、擷芳、擷景二園，樓觀俱存。擷芳中喜春堂猶巋然，所謂八滴水閣者。使屬官吏望者皆隕涕不自禁。胡今以為上林所。過清輝橋，出新封丘門，舊景陽門也，虜改為柔遠館。

壬申，過伏道，有扁鵲墓。墓上有幡竿，人傳云四傍土可以為藥，或于土中得小圓，黑褐色，以治病〔七〕。伏道艾，醫家最貴之。十里，即湯陰縣。

癸酉，過羑河〔八〕。河上有羑里城，四垣儼然，居民林木滿其中。過相州，市有秦樓、翠樓、康樂樓、月白風清樓，皆旂亭也。秦樓有胡婦，衣金縷鵝紅大袖袍，金縷紫勒帛，褰簾，吴語，云是宗室女，郡守家也。遺黎往往垂涕嗟嘖，指使人云：「此中華佛國人也。」老嫗跪拜者尤多。晝錦堂尚存，虜嘗更修飾之。過漳河，入曹操講武城。周遭十數里。城外有操冢七十二，散在數里間，傳云操冢正在古寺中。高翻墓在道傍，碑云：「魏侍中黄鉞太尉録尚書事渤海高公墓。」翻字飛爵事跡不見於史〔九〕。

甲戌，過臺城鎮。故城延袤數十里，城中有靈臺，坡陁〔一〇〕。邯鄲人春時傾城出祭趙王，歌舞其上。傍有廉頗、藺相如墓。三十里至邯鄲縣。牆外居民以長竿磔白犬自尻洞其首，别一竿縛茅浸酒，揭於上，云：「女真人用以祭天禳病。」

丙子〔一一〕，過沙河。六十里至柏鄉縣。縣人云：沙河直東有堯山縣，古堯山也，堯葬焉，東有放勳廟。

乙酉，過良鄉縣。是日大風，幾拔木。接伴使云：「此謂之信風。使人遠來，此風先報，使入城。」

丙戌，至燕山城外燕賓館。燕至畢，與館伴使副並馬行柳堤〔一二〕，緣城過新石橋，中以杈子隔絶。道左邊過橋，入豐宜門，即外城門也。過石玉橋。燕石，色如玉，橋上分三道，皆以欄隔之，雕刻極工。中為御路，亦欄以杈子。兩傍有小亭，中有碑曰「龍津橋」。入宣陽門，金書額，兩旁有小四角亭〔一三〕，即登門路也。樓下分三門，中門為御路，常闔，皆畫龍。兩旁門通行，皆畫鳳。入門，北望其闕。由西御廊下，轉西，至會同館〔一四〕。

戊子，早入見。上馬出館，復循西御廊〔一五〕，至横道，至東御廊首，轉北，循簷行，幾二百間。廊分三節，每節一門，路東出第一門通街，第二門通毬場，第三門通太廟。廟中有樓，將至宮城廊，即東轉，又百許間，其西亦有三間，出門，但不知所通何處，望之皆民居。東西廊之中，馳道甚闊，兩旁有溝，溝上植柳，兩廊屋脊皆覆以青琉璃瓦，宮闕門户即純用之。馳道之北即端門十一間，曰應天之門，舊嘗名通天。亦開兩挾〔一六〕，有樓，如左右昇龍之制。東西兩角樓，每樓次第攢三簷，與挾樓接，極工巧。端門之内，有左、右翔龍門〔一七〕，日華、月華門，前殿曰大安殿，使人入左掖門，直北，循大安殿東廊後壁行，入敷德門，自側門入，又東北行直東，有殿宇，門曰東宫，牆内亭觀甚多。直北面南列三行門〔一八〕。中曰集英門，云是故壽康殿母后所居。西曰會通門，自會通東小門，北入承明門，又北則昭慶門。東則集禧門，尚書省在門外。又西則有右嘉會門，四門正相對。入右嘉會門，門有樓，與左嘉會門相對，即大安殿後門之後。至幕次，黑布拂廬，待班有頃，入宣明門[一九]，即常朝後殿門也。門内庭中列衛士二百許人，貼金雙鳳幞頭，團花紅錦衫，散手立。入仁政門，門蓋隔門也。至仁政殿下，大花氈可半庭，中團雙鳳。兩旁各有朵殿。朵殿之上，有兩高樓，曰東、西上閤門，兩傍悉有簾幙，中有甲士。東西御廊，循簷，各列甲士。東立者，紅茸甲，金纏桿鎗，黄旂畫青龍。西立者，碧茸甲，金纏桿鎗，白旂畫黄龍。直至殿下皆然。惟立於門下者，皂袍，持弓矢。殿兩階雜立儀物幢節之屬，如道士醮壇威儀之類。使人由殿下東行，上東階，却轉南，由露臺北行入殿闕，謂之欄子[二〇]。虜主幞頭，紅袍玉帶，坐七寶榻。背有龍水大屏風，四壁帟幙皆紅，繡龍拱斗，皆有繡衣。兩楹間[二一]，各有大出香金師蠻，地鋪禮佛毯，可一殿。兩傍玉帶金魚，或金帶者，十四五人，相對列立。遥望前後殿屋，崛起處甚多。制度不經，工巧無遺力，所謂窮奢極侈者。煬王亮始營此都，規模多出於孔彦舟。役民夫八十萬，兵夫四十萬，作治數年，死者不可勝計。地皆古墳冢，悉掘而棄之。虜既蹂躪中原，國之制度，强慕華風，往往不遺餘力，而終不近似。虜主既端坐得國，其徒益治文，為以眩飾之。始則大修官制。其曆曰大明曆。虜本無號，自阿骨打，始有天輔之稱。虜宫多内寵，其最貴者有元德，淑麗、温恭、慧明等十妃。臣下亦娶數妻，多少視官品，以先後聘為序，民為一妻。

壬辰，入辭。

癸巳，出館。

丁巳，至泗州。與送伴田彦臯、完顔德温叙别。

戊午，渡淮矣。

校勘記

〔一〕道左有磚堠石刻　知不足齋本「左」作「右」。

〔二〕謂之交鈔　知不足齋本「鈔」作「錢」。

〔三〕昨奏南京置局即造一貫至三貫例交鈔　知不足齋本「即」作「印」。

〔四〕赴局支取　知不足齋本「局」作「庫」。

〔五〕户部幹當　知不足齋本「幹」作「管」。

〔六〕「東京虜改為南京」七字及「男子髡頂」至「反以為便」五十二字　原缺，據永樂大典卷一萬一千九百五十一引攬轡録補。

〔七〕或于土中得小圓黑褐色以治病　知不足齋本「圓」作「團」。疑作「團」是。

〔八〕癸酉過羑河　「酉」原作「卯」。按：范成大此次使金，據本書以上所記，乃於八月戊午渡淮。據范成大石湖居士詩集卷十二渡淮詩自注，乃知此戊午乃八月十一日。其過東京之日（汴京、開封）為丁卯，乃八月二十日；過湯陰之日為壬申，乃八月二十五日；過邯鄲之日為甲戌，乃八月二十七日。查中國歷史地圖集第六册，相州在湯陰之北，而邯鄲又在相州之北，知范成大過羑河、相州乃癸酉日，即八月二十六日。如作癸卯則為七月下旬或為九月下旬，於事理不合。今改「卯」為「酉」。

〔九〕翻字飛爵事跡不見於史　此處疑有脱文。

〔一〇〕城中有靈臺坡陁　知不足齋本「陁」作「池」。疑作「池」是。

〔一一〕丙子　「丙」原作「甲」。按：沙河與柏鄉縣，在邯鄲之北（參第八條校勘記），而在以下所云「乙酉過良鄉縣」之「良鄉縣」南。據陳垣二十史朔閏表，乙酉為九月初八日。如作「甲子」，則為八月十七日或十月十八日，於事理不合。今改「甲」為「丙」。

〔一二〕與館伴使副並馬行柳堤　「使」原缺，據知不足齋本補。

〔一三〕兩旁有小四角亭　知不足齋本「旁」作「頭」。

〔一四〕由西御廊下轉西至會同館　知不足齋本「下」作「首」。

〔一五〕上馬出館復循西御廊　「復」原作「後」，今從知不足齋本。按：以下已云及「由西御廊下」。

〔一六〕兩挾　元王惲秋澗集卷九十六玉堂嘉話卷四節録攬轡録本日文字。玉堂嘉話「挾」作「腋」。

〔一七〕翔龍門　「龍」原作「鳳」，玉堂嘉話「鳳」作「龍」，金史卷二十四中都路作「龍」，今改「鳳」為「龍」。

〔一八〕直北面南列三行門　知不足齋本無「行」字。

〔一九〕至幕次黑布拂廬待班有頃入宣明門　「黑布拂廬待班」六字原脱，據玉堂嘉話補。

〔二〇〕北行入殿闕謂之欄子　「闕謂之欄子」五字原脱，據玉堂嘉話補。

〔二一〕兩楹間　知不足齋本「楹」作「檻」。

宋黄震黄氏日鈔卷六十七攬轡録節文

北使時所見也。

泗州三十里，至臨淮縣。百六十里，至汴虹縣。計自泗州河口至此，皆枯轉而行道右〔二〕。

三十里，至靈壁縣。民始扃户闚覰。

三十里，至宿州，塗有數父老，見使車潸然。

百五里，至永城縣。三十里，過酇陽鎮。有蕭相國廟。自此枯汴中。

百十里，至穀熟縣。十八里，至南京。虜改名歸德府。過雷萬春墓，過雙廟。

三十里，過睢口。河已塞。

八十里，至拱州。虜改為睢州。

六十里，至雍丘縣。二十里，過空桑。有伊尹墓。

三十里，至陳留縣。有留侯廟。

二十七里，至東京，虜改為南京。

四十五里，至封丘縣。二十五里，至胙城縣。去河尚五六十里，而漸水已侵過胙城十里矣。

自縣四十五里，至黄河李固渡。渡浮橋，用舡百八十艘，半閣沙上，河最狹處也。

四十五里，至滑州。二十五里，至濬州。舊治已淪水中。對城即黎陽山，古大伾也。

三十里，過屯氏河。有山東販麥舟。

四十五里，至湯陰縣。自黄河西望，即見太行西北去，不知極。至燕始北轉。

自湯陰三十里，至相州。過湯河、羑河，有羑里城、文王廟。相州觀者甚盛，遺黎往往垂泣，指使人，云：「我家好官。」又云：「此中華佛國人。」老嫗跪拜者尤多。

過安陽河、漳河，凡六十里，至磁州。州南滏陽河，水急，西有崔府君廟。

四十里，至臺城，過趙故城，延袤數十里。旁有廉頗、藺相如墓。

三十里，至邯鄲縣。邯鄲人健武。逆亮死時，遮殺其歸卒，以待王師。

四十里，至臨洺鎮。過洺河。

三十里，至沙河縣。十八里，過七里河。七里，至信德府、邢州也。

四十里，過冷水河。二十五里，至内丘縣。縣有鵝梨，云其樹尚聖宋太平時所接。

過沙河，禮儀河、大寧河，凡六十里，至柏鄉縣。其東有堯山，堯所葬。

自柏鄉行，十三里有光武廟。二十里，有王郎城，凡六十三里。而過洨河石橋，所謂趙州橋也。

五里，至趙州。虜改為沃州。

三十里，至欒城縣。五十五里，過滹沱河。五里，至真定。三十里，過磁河。四十里，過沙河，為新樂縣。北嶽在其西北之曲陽縣界。

四十五里，至中山府。虜依舊名曰定州。有東坡祠。

五十里，山水河。七十里，至保州。十里，過徐河。十里，過曹河。俗傳王祥卧冰處。

二十里，至安肅軍。故時塘濼，今悉淤塞。門外大道，古出塞路也。夾道古柳參天，至白溝始絶。

十五里，過白溝河。又過曹河、徐河、暴河。

三十五里，至大口河。二十里，至馬村。五十里，行灰洞，至涿州。灰洞者，兩邊不通風，塵埃濛洪其間也。

三十里，過琉璃河，為良鄉縣。

三十里，過盧溝河。三十五里，至燕山城。逆亮始營都於此。自泗州至東京，七百七十里。自東京至黄河，百十五里。自泗州至燕山，總二千五十八里。

燕山以南，石晉以來失之。安肅軍以南，我朝南渡失之。河、湖之水，皆出太行。公所渡二十五河，睢、漳與滹沱最大。滹沱闊不減黄河，俗稱小黄河。

校勘記

〔一〕枯轉　乾隆刻本「枯」作「粘」。

附録

宋陸游劍南詩稿卷二十五詩一首

夜讀范至能攬轡録言中原父老見使者多揮涕感其事作絶句。

公卿有黨排宗澤，帷幄無人用岳飛。遺老不應知此恨，亦逢漢節解沾衣。

宋李心傳建炎以來繫年要録涉及攬轡録的有關文字十二則

一

［紹興二十六年十二月］甲子：金國賀正旦使中奉大夫祕書監兼右諫議大夫梁球，副使定遠大將軍充侍衛親軍馬軍副都指揮使耶律諶入見。球，廣軍人也。（原注：

此據范成大攬轡録）卷一百七十五。

二

〔紹興二十七年二月〕是月，金國主亮坐武德殿，召吏部尚書李通、刑部尚書胡勵、翰林學士蕭廉，語以朕夜夢至上帝所，殿中人語如嬰兒。少頃，有青衣特宣授朕天策上將，令征某國，朕受命。出而上馬，見鬼兵無數，朕發一矢射之，衆皆喏而應。既覺，聲猶在耳。即遣人至廐中，視所乘馬，其汗如水，取箭數之，亦亡其一，此異夢也。豈非天假手於朕令取江南乎！通等皆賀，亮戒無泄於外。（原注：「蕭廉事迹，以范成大攬轡録修入。」）卷一百七十六。

三

〔紹興二十七年八月〕是月，金主亮試進士於廣樂園，命書畫局直長鄭子聃雜試舉人中。子昫，利州阜俗人，從徙大定。中天德三年進士第，實第三甲第一人。亮嘗令賦詩，大見稱賞，故有是命。及啟封，子昫中第一。於是，躐階三等，授翰林修撰、同知制誥。（原注：「范成大攬轡録云：『鄭子昫，字景純，大定人。楊建中榜第三人。是年試天錫智勇正萬邦賦，授翼城丞，除書畫局直長。貞元三年，亮令再試，復狀元及第。是年試不貴異物民乃足賦，亮特令為翰林修撰。』以金國翰林直學士趙可所撰子昫墓誌考之，名、字、鄉里、事迹官位並同，但誤以第三甲為第三人及以正隆二年為貞元四年爾。成大出疆不久，而金之公卿侍從館閣，一一得其履歷之詳如此，故載之。」卷一百七十七。

四

［紹興二十八年五月］是月，金主亮坐薰風殿，召吏部尚書李通、翰林學士承旨翟永固、左宣徽使敬嗣暉、翰林直學士韓汝嘉四人謀，欲再修汴京而徙居之，為南侵之釁。……永固、汝嘉曰：「燕京甫成，帑藏已乏，民力未蘇，豈可再營汴邑。江南通好，

歲幣無闕，遽興征伐，亦恐師出無名。」亮怒曰：「非汝所知。」揮之使去。……既而召翰林應奉文字綦戩講漢書，亮怒稍解，擢進尚書右丞。……戩，膠東人。少被掠。亮特賜及第。（原注：「……綦戩事迹，以范成大攬轡録修入。」）卷一百七十九。

五

〔紹興二十八年十二月〕壬子。金國賀正旦使、正奉大夫、工部尚書蘇保衡，副使、定遠大將軍、太子左衛率府率阿克占謙入見。保衡，雲中人也。（原注：「此據范成大攬轡録。」）卷一百八十。

六

〔紹興三十年八月〕壬申。……金主亮……令吏部侍郎高懷正等十五人，分路帶銀牌而出，號曰宣差簽軍使。……懷正，會陵人也。（原注：「……范成大攬轡録稱高懷正，大定人。大定即會寧也。」）卷一百八十五。

七

〔紹興三十一年十月〕丙寅。浙西馬步軍副總管李寶，與金人舟師遇於密州膠西縣陳家島，大敗之。……金……工部尚書蘇保衡……舟未發，亟引去。（原注：「熊克小曆云：『統軍蘇保衡未發舟，不可獲，旋聞自經死。』蓋因馮忠嘉海道記所書也。案：范成大攬轡録：『蘇保衡為水軍都統。葛王立，除右丞。』則保衡此時不死，忠嘉蓋誤。」）卷一百九十三。

八

〔紹興三十一年十一月〕甲午。……金……威勝將軍勸農使耶律阿列。（原注：「范成大攬轡録云：『耶律勸農使，人往往不知其名。』此據神麓記。」卷一百九十四。

九

［紹興三十一年十一月］甲午。……金主亮……妹婿唐括安禮能文知兵，掌黄頭女真。……（原注：「趙甡之遺史：『亮婿駙馬管黄頭女真三萬人。』按，亮子女尚少，其婿恐未能典軍。以范成大攬轡録考之。知兵者乃安禮，蓋亮妹婿也。」）同上。

一〇

［紹興三十一年十一月］戊戌。金國都督府遣人持檄來鎮江軍議和。……户部尚書梁球……訪得瓜洲所俘成忠郎張真，即遣之南渡。（原注：「趙甡之遺史稱有梁尚書者，而無其名。按范成大攬轡録，稱球此時為户部尚書，故知其人也。」）卷一百九十四。

一一

［紹興三十二年正月］己丑。……金主褎……以威勝統軍勸農使耶律阿里為平章政事，廢參知政事敬嗣暉為庶人。工部尚書蘇保衡遷尚書右丞，太府兼權左司郎中魏子平為户部侍郎，大興尹李天吉為刑部侍郎，修起居注鄭子聃復為翰林修撰。（原注：「……耶律阿里以下差除，范成大攬轡録倣趙可文集修入，不得其月日。」）卷一百九十六。

一二

［紹興三十二年四月］初，金國為契丹耶律窩斡所擾，有衆數萬，漸逼居庸關。金主褎大懼，召同知保州紇石烈志寧為右翼統軍以討之。褎與其下謀，以謂窩斡兵勢如此，若南宋乘虚襲我，國其危哉！設有所求，當割而與之。既而窩斡之衆内叛，金國得窩斡而戮之，裂其體於燕京、汴京及長安三處。契丹之患既息，其割地歸本朝

之意亦寢矣。（原注：「此據宋翌金亮本末及范成大攬轡録參修。」）卷一百九十九。

按：此則稱「金主亵」，第十一則稱「金主褻」，而金史「亵」、「褻」作「雍」，附志於此。

宋陳振孫直齋書録解題一則

攬轡録一卷　參政吴郡范成大至能乾道六年使金所記聞見。卷七傳記類。

宋趙希弁昭德先生郡齋讀書志附志一則

攬轡録二卷　右范成大乾道六年以資政殿大學士、左中大夫、醴泉觀使兼侍讀、丹陽郡開國公、食邑二千户、食實封八百户與崇信軍節度使領閤門事兼客省四方館事、信安郡開國侯、食邑一千六百户、食實封四百户康湑為奉使大金國信使副，其往返地理日記也。成大字至能，吴縣人。紹興二十四年進士。使金歸，除中書舍人。

淳熙五年，參知政事，自號石湖，孝宗皇帝御書二字以賜之。卷五上。

元脱脱等宋史一則

范成大攬轡録一卷　卷二百三，志第一百五十六傳記類。

明葉盛菉竹堂書目一則

石湖居士攬轡録一册　卷二經濟。

明文淵閣書目一則

石湖居士攬轡録一部，一册，闕　卷六史雜。

明盧襄跋一則

石湖紀行三録跋　右紀行三録，宋參知政事石湖范公作也。公隆興中，以起居郎使金，有攬轡録。乾道中，赴帥桂林，有驂鸞録。淳熙中，自蜀帥還吴，有吴船録。凡山川風俗，物産古迹，與所從遊論述，可喜可感，隨筆占記。事核詞雅，實具史法。讀之若履其地，覩其人，有不知曠數世、隔千里者。前輩卧遊之説，有足徵已。予家石湖，與公别業相望，少從提學家兄往來湖上，撫其遺址，思欲有所興理。比兄爲御史，在告，特創書院以俎豆公。既手摹公之像，與所書田園雜興，刻之石，又手校此三録欲并刻，未果。予來京師，借他本校寫，以寄同年項建陽秉仁、夏建安國符，即書坊刻焉，承兄志也。二君飾政以文，公之文其又弗傳矣乎。嘉靖丁亥二月禮部員外郎前進士盧襄書。知不足齋叢書本桂海虞衡志卷末。

清鮑廷博跋一則

石湖紀行三録跋　石湖三録，明嘉靖間吴郡盧襄曾合刻於建安書坊，去今二百餘年，流傳絶少，此本其僅見也。外此惟寶顔堂先後刻入祕笈，傳世尚多，然祕笈所刊書，草率誤人，往往失昔人面目，是爲古書一厄，有識者恨之。此三録中，吴船録尤繆戾，有脱去數行者。予得是本，即刊正之矣，今並攬轡、驂鸞二録，補入叢書，而附以桂海虞衡志，仍盧氏之舊也。惟攬轡録元本二卷，晁氏讀書志著於録，今盧氏所刻，卷帙寥寥，與祕笈本相同，視二録詳略迥殊。眉公蓋云鈔自説郛，則元本之亡，由來舊矣，惜哉！嘉慶乙丑重九後一日，通介叟鮑廷博寓友人趙晉齋竹崦盦識。知不足齋叢書本桂海虞衡志卷末。

清周中孚鄭堂讀書記一則

攬轡録一卷。知不足齋叢書本。

宋范成大撰。（按：以下爲成大小傳，略去）讀書附志、書録解題、通考、宋志俱著録。趙氏作二卷，字之誤也。僅七頁，斷無分析之理。乾道庚寅，石湖以資政殿大學士奉使金國，因記所聞見，自八月戊午至十月戊午止。所記山川古迹，風俗物産，稍見其略，惟於金宫殿制度特詳爾。説郛、普、祕笈均收入之，説郛所載，又節本矣。卷二十四。

按：周氏謂讀書附志「作二卷」乃「字之誤」，蓋由未見黄氏日鈔、永樂大典諸書；又謂説郛乃節本，殊不知今本乃源於説郛，蓋未詳考。

驂鸞録

目録

點校説明

根據寫作時間，本書是范成大的第二部筆記。范成大於宋孝宗乾道八年十二月七日，自家鄉蘇州出發，赴廣南西路桂林，就知静江府任。中經今江蘇、浙江、江西、湖南、廣西五省區，於乾道九年三月十日到達桂林。他逐日記下途中情況，形成本書。這些情況，是研究該地歷史的第一手資料。現在，做一點具體説明。

一、他考察和記下了當代一些知名人物的活動。這裏有薛季宣（士隆）、葉夢得（少藴）、張子顔（幾仲）、汪應辰（聖錫）、鄭升之（公明）、凌景夏（季文）、施元之（德初）、趙彦端（德莊）、龔茂良（實之）、劉惇（文潜）、向子諲（伯恭）、任詔（子嚴）、周必大（子充）、張浚（德遠、魏公）、張孝祥（安國）、李浩（德遠）、王阮（南卿）等。大部分不見於他書；他書中有記載的，可以相互印證和補充。

二、他遊覽了沿途許多名勝，并對其中的一些作了考察。這裏有石林、大玲瓏、小玲瓏、左顧亭、城山、釣臺、報恩寺、馬海寺、超鑒堂、桃花臺、琵琶洲、干越亭、滕王閣、許真君觀、清江臺、薌林、盤園、玉虛觀、仰山、南嶽廟、衡嶽寺、勝業寺、石鼓山、合江亭、回雁峰、浯溪中興頌碑、愚溪、嚴關、靈渠等。

三、范成大注意到了當時人們的經濟活動，並進行了考察。比如在嚴州，他看到徽州歙縣許多由杉樹編成的排，集中在新安江的浮橋下，幾個月都不能過去。因為嚴州方面在這裏征重税，以增加本地財政收入。於是商旅困難重重。他揭露出這個事實，意在引起當地官員以及其他廣大當政者的注意。范成大作為一個朝廷要員，能如此深切關心商旅流通，是難能可貴的。

他對一般的經濟活動也很注意，如在南嶽，就考察了嶽市，記下了嶽市的繁榮景象，也對管理不善、不强表示了憂慮。

四、作者在衡山南嶽寺，記下了後宮武洞清所作的精品壁畫，是研究我國繪畫史的珍貴資料。

范成大自蘇州出發赴桂林，時年四十七歲，正是他的詩、詞創作最旺盛的時期。他在赴桂林途中，共寫了四十二首詩，收在石湖居士詩集卷十三。范成大的詞早已散佚，途中所作詞，可從黄昇中興以來絶妙詞選卷二得到六首，即眼兒媚（萍鄉道中乍晴卧輿中困甚小憇柳塘）、一落索（南浦舟中與江西帥漕酌别夜後忽大雪）、菩薩蠻（湘東驛）、滿江紅（清江風帆甚快作此與客劇飲歌之）、謁金門（宜春道中野塘春水可喜有懷舊隱）、秦樓月（寒食日湖南提舉胡元高家席上聞琴），實際所撰當遠不止此。本書是以上所提詩、詞必不可少的注釋。

本書今傳本有：

一、明抄本。九行二十字，藍格白口，四周單邊。全稱石湖居士驂鸞録。藏北京圖書館。

二、續百川學海己集本。

三、寶顔堂祕笈本，收入普集。

四、裨乘本。

五、四庫全書本，簡稱庫本。

六、知不足齋叢書本。此本乃據明盧襄石湖紀行三録本刊刻，盧本已佚。

此外，古今説部叢書（八集）、古今遊記叢鈔、叢書集成（據知不足齋本）皆收此書。

以上各本之中，知不足齋本刊刻比較精，較明抄本以外各種為優，此次整理，用之為底本。

明抄本雖然也偶有脱、誤，但仍不失為當今本書最好的本子。比如底本乾道九年正月十九日至二十二日記泊袁州，袁州有張王廟，祠兄弟二王，「桂林迓吏自言梧州亦有此廟，問何以然，則曰前帥中書舍人張安國赴鎮，適湖南賊李金方作亂，廣西岌岌，張過遠，禱於二王，如西廣不被兵，當於桂林為神立行廟」云云。這裏説的「梧州」與「於桂林為神立行廟」不相涉；而「張過遠」之「遠」很明顯是「袁」的錯誤。而明抄本「自言梧州」正作「曰吾州」，「遠」正作「袁」：這兩處錯誤得以訂正。今用明抄本作為主要校本。

宛委山堂本、涵芬樓鉛印本説郛都有本書；雖然是删節本，但仍有其獨到之處：今以涵芬樓本説郛為參校本。庫本本書亦間有可取處，今亦用文淵閣庫本影印本進行參校。

宋黄震黄氏日鈔卷六十七有本書節文，有重要參考價值。今全録其節文，次於正文之後。黄氏日鈔用元刻明遞修本。

不妥之處，尚望讀者指正。

孔凡禮　一九九七年十二月

驂鸞録

石湖居士以乾道壬辰十二月七日，發吴郡，帥廣西，泊船姑蘇館。

十四日，出盤門。大風雨，不行，泊赤門灣。

十五日，發赤門。早飯松江，送客入臞庵。夜登垂虹，霜月滿江，船不忍發，送者亦忘歸，遂泊橋下。

十六日，發垂虹，宿震澤，前福州教授閩人阜民伯卿、賀州文學周震震亨皆來會。余去年北征，感腹疾於滑州，且死復生，今惟皮骨粗存。比懷桂林之章，再上疏丐外祠以老，弗獲命，乃襆被行。則從故人李嘉言聖俞，致一老成館客與偕。聖俞舉震亨，故今日遠來。震亨舉業外，尤精珞琭子林開諸書。試評余五行，則曰：「吾知之舊矣，數語可決。公欲遄歸以老，抑未也？今南去三千里，安坐再期，末年冬中，復西南行萬里，亦再期乃歸〔一〕。但此時某恐不及被公飲食教載之賜耳。」其言詭異，姑筆記之。

十七日，至湖州，泊碧瀾堂。

十八日，湖守薛季宣士隆開宴。方祈雪，蔬食而旦張樂〔二〕。

十九日，將遊北山石林，薛守願同行。乘輕舟十餘里，登籃輿，小憩牛氏歲寒堂〔三〕，自此入山。松桂深幽，絶無塵事。過大嶺，乃至石林。則棟宇已傾頹，西廊盡拆去，今畦菜矣。正堂無恙，亦有舊牀榻在凝塵鼠壤中。堂正面卞山之高峰，層巒空翠照衣袂，略似上天竺白雲堂所見而加雄尊。自堂西過二小亭，佳石錯立道周。至西巖，石益奇且多。有小堂曰承詔。葉公自玉堂歸守先壠，經始之初，始有此堂。後以天官召還，受命於此，因以為志焉。其旁，登高有羅漢巖，石狀怪詭，皆嵌空裝綴，巧過鐫劖。自西巖回步至東巖，石之高壯礧砢，又過西巖，小亭亦頹矣。葉公好石，盡力剔山骨，森然發露若林，而開徑於石間，亦有自他所移徙置道傍以補闕空者〔四〕。方公著書釋經於堂上，四方學士聞風仰之，如璇璣景星，語石林所在，又如仙都道山，欲至不可得。蓋棺未幾，而其家已不能有，委而棄之灌莽叢薄間。遊子相與徘徊，嘆息之不能去。或謂此地離人太遠，岑蔚荒虛，非大官部曲衆多者難久處。又云：公没後，山鬼搶攘〔五〕，暮夜與人錯行，婦子不能安室，故諸郎去之云。出石林，飯旌善寺，葉氏墳祠也。霅川有兩玲瓏山，石林為大玲瓏，又有小玲瓏，在長興縣界路口，聞其尤勝石林，遂過之。小玲瓏今屬沈氏。沈氏之父死，二子幼，方檢校於官。此山石色微黄而更奇古，一丘〔六〕，悉中空，洞穴十數，皆旁相通貫，故名玲瓏。泉聲瀉壞磴中〔七〕，窈如深谷。堂前小池，石如牛馬，虒隤其中。池後山屏上洗出之石，襞積嵌巖，巧怪萬狀。缺罅清泉泓泓，叢桂覆其上。亭、館既無人居，亦漸荒廢。霅川特無好事者能捐厚貲買之沈氏，雖不得仙，亦足以豪矣。玲瓏山，杜牧之所遊，即石林。小玲瓏晚出而加勝。由沈家步登舟，回至城下，一鼓後矣。

二十日，發湖州。十八里，宿横山。横山雖小，乃截然溪上，蔽遮一川，若前無路者。相傳為霅川風水向背之要。

二十一日，發横山，宿德清縣。

二十二日，泊舟左顧亭。訪縣中知識數家，大抵倚山瞰溪，易得卜築之勝。前户部侍郎李公子至之居，甚輪奂。其兄參政之子德甫者居郭外，據一丘壑，曩歲嘗過之，今其人亡，室亦虚矣。聞運使沈度公雅方考室，往觀之，甚潔而庳，堂之簷，手可接也。公雅素傳過庭所教，常有「知止易足」之説，意其規摹出此。左顧亭者，孔愉放龜處。亭前兩大枯木，可千年，德清古物，餘不知他〔八〕。今孔侯墓、廟在焉。廟居墓前，與其夫人像皆盤膝坐，蓋是几席未廢時所作。龜溪倚山，而薪蒸貴溪，而不數得嘉魚，以其密邇行都，盡販以往，風物已不逮曩年。出郊三里，遊城山。頃歲赴太學試，道病暑，三宿晚對軒，題詩壁間，故在。凡僧寺皆南向，此獨反北，故夏無涼風。聞自此過武康，纔二十五里。道間有梅花邨〔九〕，以千萬計。客行有程，不得往。午，發德清，宿安溪。

二十三日，宿餘杭縣苕溪館。

二十四日至二十七日，皆泊於餘杭。乳母徐，自登舟，病喘甚，氣息綿惙，若以登陸行，則速其絶，委之，恩義不可。過餘杭五日，計無所出，昨夕達曉不寐，往來方寸中，此其勢，必不可以遠行也。且政使嫡母有兼侍，而長子遠使，亦當就養他子，况乳保哉！張氏妹從其夫方宦臨安〔一〇〕，又同乳於徐者，遂決意留之張氏。分路時，心目刲斷。世謂生離不如死別，信然。

二十八日，陸行，發餘杭，與吴之兄弟妹姪及親戚遠送者別。皆曰：「君今過嶺入厲土，何從數得安否問，此別是非常時比。」或曰：「君縱歸，恐染瘴，必老且病矣。亦有禦瘴藥否？」其言悲焉〔一一〕。嗚泣且遮道，不肯令肩輿遂行。又新與老乳母作生死訣，一段淒愴，使文通復得夢筆作後賦，亦不能狀也。晚宿富陽縣廢寺中，即客館也。

二十九日晚，復登舟，大雪不可行。

三十日，發富陽。雪滿千山，江色沈碧。夜，小霽〔一二〕。風急，寒甚。披使虜時所作綿袍〔一三〕，戴氈帽，坐船頭縱觀，不勝清絶。剡溪夜汎，景物未必過此。除夜行役，廟祭及鄉里節物盡廢。晚，宿嚴州桐廬縣。

癸巳歲正月一日，巳午間至釣臺。率家人子登臺講元正禮，謁三先生祠。登絶頂，掃雪，坐平石上。諸山縞然，凍雲不開，境過清矣。臧獲亦貪殊景，皆忍寒犯滑來登。始，予自紹興己卯歲，以新安户曹沿檄來，識釣臺，題詩壁間。後十年，以括蒼假守被召，復至，自和二篇，及今又四年，蓋三過焉，復自和三篇。薄宦區區如此，豈惟愧羊裘公，見篙師灘子，慚顔亦厚，乃併刻數字於右廡柱間，而宿西口。

二日，午，至嚴州，泊定州館。

三日，泊嚴州。渡江上浮橋，遊報恩寺，中有瀟灑軒，取吾家文正公「瀟灑桐廬郡」之句以名。浮橋之禁甚嚴，歙浦杉排，畢集橋下，要而重征之，商旅大困，有濡滯數月不得過者。余掾歙時，頗知其事。休寧山中宜杉，土人稀作田，多以種杉為業。杉又易生之物，故取之難窮。出山時價極賤，抵郡城已抽解不貲，比及嚴，則所征數百倍〔一四〕。嚴之官吏方曰：「吾州無利孔，微歙杉不為州矣。」觀此言，則商旅之病，何時而瘳。蓋一木出山，或不直百錢，至漸江乃賣兩千〔一五〕，皆重征與久客費使之。

四日、五日，皆泊嚴州。

六日，發嚴州，宿大羊。

七日，至婺州蘭溪縣，泊澄江館。此縣舊出名酒，漕司扼其坊，近年所釀，寖不及昔時，大抵甘滯不快，聲稱減矣。

八日，泊蘭溪。

九日，大雨。連日小舟跧灣，病倦，又聞衢之龍游小路，泥深溪漲，渡江不如陸，乃改陸行，取婺州路。晚至婺州，泊金華驛。

十日，泊婺州。

十一日，早飯馬海寺。世俗所用百忌曆，出此寺。宿湯嵦〔一六〕。

十二日，早飯舍利寺，宿龍游縣龍丘驛。未至，有長橋，工料嚴飭，他處所未見，前令陶定所作。自登陸來，所至山有殘雪，村落無處無梅，客行匆匆，自無緣領略，可嘆也。

十三日，至衢州。自婺至衢皆磚街，無復泥塗之憂。異時兩州各有一富人作姻家，欲便往來，共甃此路。

十四日，前吏部尚書汪公聖錫亦自玉山來，同赴郡守敷文閣待制張幾仲燈宴。是日乃立春，曉旛夜蛾，同集尊前，真良辰也。

十五日，十六日，謁公於超化寺之兩山閣。留飯，與前館職鄭升之公明偕。余與公明同召試，同除正字、校書郎。汪公時修國史。館中例序齒，公明長余十餘歲，復用故事遜公明，公明力辭，云：「各已出館，正當敘官。」至逡巡欲遁去。汪公拱立無言。余從容請之，公徐曰：「應辰舊與凌季文尚書皆為正字，季文年長上坐。比歲僕以端明殿學士守平江，過湖，季文在焉。時為顯謨閣學士，同會郡中。僕亦用故事遜季文，季文不辭。」公明遂就坐，記於此以補麟臺後志。季文名景夏。

十七日，將發衢州，暫遊郡圃，登超鑒堂。前守施元之德初所作，甚得登眺之勝。但恨小偏，與木相直，若右徙數丈，盡對諸山，乃佳。夜行，宿招賢市。

十八日，過常山縣，宿蔣連市。

十九日，宿信州玉山縣玉山驛。

二十日，宿沙谿。自入常山至此，所在多喬木，茂林、清溪、白沙，浙西之所乏也。

二十一日，二十三日，皆泊信州。自此復登舟。

二十四日，舟行，宿霍毛渡。

二十五日，過弋陽縣，宿漁浦。

二十六日，過貴溪縣，宿金沙渡。去縣數里，有桃花臺，大壇石色如桃花。旁入數里，有龜山。遠望一山特起，與他小山接，如龜然，特起者其首也。大抵自上饒溪行，南岸綿延皆低，石山童無草木，色赤似紫，或一石長數里不休，或有如盤、如屏、如几及卧牛、蹲蟆之狀者，不可勝計。石上平净，可以攤曝麥禾。

二十七日，過饒州安仁縣。吏士自信州分路陸行者，適方渡水，取撫州路，會余於南昌之宿港。

二十八日，至餘干縣。前都司趙彦端德莊新居在縣後山上，亦占勝。同過思賢寺清音堂。下臨琵琶洲，一水灣環循縣郭，中一洲，前尖長，後圓闊，如琵琶，故以清音名此堂，從昔為勝處。晁無咎書其榜。前賢題詩滿梁壁。琵琶洲一名鼈洲，野人相傳，長沙嘗旱，占云：「餘干新漲一洲，如鼈，遠食茲土。」潭人信之，至遣人來鑿洲，今有斷缺處。又云：歲澇，洲不没。大甚，僅漫琵琶之項後，又謂浮洲。餘干之名見前漢書。縣有干越亭〔一七〕。

二十九日，宿鄡公溪。

閏月一日，宿鄡子口。鄡子者，鄱陽湖尾也。名為盜區，非便風張帆及有船伴不可過。大雪，泊舟龍王廟。

二日，雪甚風横，禱於龍神。午，霽，發船鄡子，宿范家池湖中。稱某家池者，取魚處也。隨一家占為名。道中極荒寒，時有沙磧、蘆葦，彌望，或報盜舟不遠。夜遣從卒爇船傍葦叢，作勢以安衆。

三日，未至南昌二十里，泊。

四日，泛江至隆興府，泊南浦亭。

五日，登滕王閣。其故基甚侈，今但於城上作大堂耳，榷酤又借以賣酒，「佩玉鳴鑾」之罷久矣。其下江面極闊，雲濤浩然。西山相去既遠，遂不能一至。又登南昌樓、江月臺。郡圃偪仄無可觀。江西帥前右正言龔實之，欲取王士元三江五湖之句，以廳事後堂為襟帶堂，余為書其榜，戲為讖曰：「襟者，金也，不三年，府公其腰黃乎！」

六日，遊東湖，謁孺子亭，又過其祠廟，轉至詠歸亭。東湖秀而野，旁多幽居，松桂蒙鬱。又過許真君觀。觀鐵柱，在東廡一小枯池中。有柱出地上，高三尺許，其端如槎牙，如枯枿怪石狀，不知其深幾何。相傳以為許君鎖怪孽於下，且以鎮此方云。

漕使前司業劉焞文潛之治所，園、池、亭宏麗，大勝帥府〔一八〕，然二使者乃共一圃。

七日，將發南浦。終日雨，諸司來集，遂留行。夜分，大雪作，燃炬照江中，舞蝶塞空，亦奇賞也。

八日，泝清江，宿張家寨。

九日，宿市汊。緣岸居人，煙火相望，有樂郊氣象。

十日，宿上江。兩日來，帶江悉是橘林。翠樾照水，行終日不絕，林中竹籬瓦屋，不類村墟，疑皆得種橘之利。江陵千本，古比封君，此固不足怪也。

十一日，過豐城縣，小艤寶氣亭。聞舊縣去北，尚四十里。劍池鄉張雷廟前有小池，云：「掘劍處也。」又嘗徙治其南，名故縣。今三徙至此。沿江石堤甚牢，密如錢塘。不如是，即頹齧不可保聚。宿木湖灘。

十二日，風駛盡帆力，舟如飛。宿臨江軍。初議詣宜春。出陸至此，則江道漸淺，大艘不可進，遂泊。夜，大風急雪，頃刻積盈尺。篷窗摇蕩震壓，終夕危坐，以須其定。

十三日，登富壽堂。城西有富壽岡，盤繞郡治，以此為形勝，因以名堂。登清江臺，前眺江流，練練如横一帶。閤皁、玉笥諸山江外，殘雪未盡，縈青繚白，遠目增明。

十四日，將登陸，家屬已行，獨冒微雨遊薌林及盤園。薌林，故户部侍郎向公伯恭所作。本負郭平地，舊亦人家阡隴，故多古木修篁。廳事及薌林堂皆為樾蔭所泊〔一九〕，森然以寒。宅傍入圃中，步步可觀，構臺最有思致。叢植大梅，中為小臺，四面有澀道，梅皆交枝覆之。蓋自梅洞中躡級而登，則又下臨花頂，盡賞梅之致矣。企疏堂之側，海棠一徑，列植如槿籬，位置甚佳。其他處所，自有圖本行於世，不暇悉紀。没後，諸子復葺牆後園池，搴芳諸亭，亦不草草。大率無水，僅有一派入園作小池及澗泉之類所謂虎文者，亦不能詳考。出薌林，對門又有荒園，甚廣，未及葺。中有古巖桂大數圍江鄉無雙者。伯恭欲為堂，亦不果。雨終日廉纖，假籃輿，以板為底，上起四柱，籃缺其前，以垂足於空虛，有雨雪，則以僧笠覆其上，兩夫荷之。

盤園者，前湖南倅任詔子嚴所居，去薌林里許。其始酒家之後。有古梅，盤結如蓋，可覆一畝，枝四垂，以木架之，始坐大酴醾下。子嚴以為天下尤物，求買得之〔二〇〕。時薌林尚無恙，亦極歎賞，勸子嚴作凌雲閣以瞰之，迄今方能鳩工。梅後坡壠畇畇，子嚴悉進築焉。地廣過薌林，種植大盛，桂徑梅坡，極其繁蕪〔二一〕。但亦乏水，當窪下處作池積雨水而已。

周旋兩園，遂以抵暮，炬炳追及前頓，宿倒塔鋪。始，余得吴中石湖，遂習隱焉，未能經營如意也。翰林周公子充同其兄必達子上過之，題其壁曰：「登臨之勝，甲於東南。」余愧駭，曰：「公言重，何乃輕許與如此。」子充曰：「吾行四方，見園池多矣，如薌林、盤園，尚乏此天趣，非甲而何？」子上從旁贊之。余非敢以石湖夸，憶子充之言，併記於此。噫，使予有伯恭之力，子嚴之才，又得閒數年，則石湖真當不在薌林、盤園下耶！

十五日，過棲桐山，遊玉虛觀，擷仙茅作湯。舊記晉有王長史居此地，許旌陽既仙，過其家，飛白茅數葉與之，曰：「此茅備五味，服之，度五世。」乃以其居為觀，入蕭史洞隱去，以餘茅植山後。道士間採得之，極芳辛，以煮湯飲，尤郁烈。徙植他所，無復香味，與凡茅等，余親驗之，疑自是一種香草也。觀中有飛茅殿、仙茅碑。南唐中書舍人江文蔚，嘗為修觀碑，大中祥符中再修，以純緑塗飾，至今色可摘也。魏國張忠獻公嘗宿此，夢與許君談養生〔二二〕，有石刻志之。宿萬安驛。

十六日，宿新喻縣。

十七日，宿袁州分宜縣。

十八日，至袁州。桂林帥前大理寺丞李浩德遠先在此相候，欲講交承禮，為留三日。泊報恩光孝寺。

十九日，二十日，二十一日，二十二日，皆泊袁州。聞仰山之勝久矣，去城雖遠，今日特往遊之。二十五里，先至孚惠廟〔二三〕。棟宇之盛，與祠山張王廟相埒〔二四〕。祠兄弟二王，不血食，其神龍也。舊傳二龍昔居仰山中，以其地施仰山祖師，遷居於此。江湖諸郡皆春秋來祭，奉之甚嚴。廟有楊氏稱吴時加封司徒竹册尚存，文稱竇大元年〔二五〕。余向居鄉，得吴江郵寺石幢，所記亦以竇大紀年，蓋錢氏有浙時或曾用楊氏正朔，此二證為甚確也。二王靈蹟有感化録一篇，著之甚詳，此略之。

桂林迓吏曰吾州亦有此廟〔二六〕。問何以然，則曰前帥中書舍人張安國赴鎮，適湖南賊李金方作亂，廣西岌岌，張過袁，禱於二王〔二七〕，如西廣不被兵，當於桂林為神立行廟云。

出廟三十里，至仰山。緣山腹喬松之磴，甚危。嶺阪之上，皆禾田層層，而上至頂，名梯田。建寺之祖仰山師者，事具傳燈録中，號小釋迦。始入山求地，一獺前引，今有獺經橋。至谷中，即二龍所居，化為白衣，遜其地焉。大仰之名，遂聞天下。二龍故蹟有大池，上有顔淵亭。別有一泓，名叔季泉，酌以瀹茗。自小釋迦塔後，方竹滿山，取以為杖，為世所珍。登寺樓以望四山，各有佳峰，每峰如一蓮華之葉，如是數十峰，周遭繞寺，山中目其形勝為蓮華盆。晚，出山，復入袁州。

二十四日，發袁州，宿宣風市。

二十五日，宿七里鋪。自離宜春，連日大雨，道上淖泥之漿如油。不知何人治道，乃亂置塊石，皆刓面堅滑。輿夫行泥中，則漿深汩没；行石上，則不可著脚：跬步艱棘，不勝其勞。

二十六日，宿萍鄉縣，泊萍實驛。人以此地為楚王得萍實之地，然去大江遠，非是。

二十七日，二十八日，皆泊萍鄉，咽痛，徑程以求醫〔三八〕。

二十九日，發萍鄉，宿裏田驛。

三十日，宿潭州醴陵縣。數日，行江西道中，林薄逼塞，蹊徑欹側。比登一小嶺，忽出山，豁然彌望，平蕪蒼然，别是一川陸〔二九〕，蓋已是湖南界矣。縣前淥水橋下小江，本名漉水。比年新作橋，改今名。江色黛緑可愛，流而出於瀟湘〔三〇〕。驛屋最雄勝，冠江湖間。縣出方響，鐵工家比屋琅然。其法，以歲久鐺鐵為勝，常以善價買之，甚破碎者亦入用。

二月一日，宿山陽驛〔三一〕。夾道皆松木，甚茂。大抵入湖湘，松身皆直如杉，江西則柏亦峭直，葉如瓔珞二物，與吴中迥不同。吴中松多虬幹，柏則怪蹻。

二日，宿櫧洲市〔三二〕。又當捨輿泝江。此地既為舟車更易之衝，客旅之所盤泊，故交易甚夥，敵壯縣。

三日，始汎湘江。自此至六日，早暮行倦則少休，不復問地名。湘江兩岸小山坡陀〔三三〕，其來無窮，亦不間斷。又皆土山，略無峰巒秀麗之意，但荒凉相屬耳。

七日，宿衡山縣。西望嶽山，岧嶢半空。湘中山既皆岡阜，迤邐至嶽山，乃獨雄尊特起，若衆山遜其高寒者。

八日，入南嶽。半道，憩食。夾路古松三十里。至嶽市，宿衡嶽寺。嶽市者，環皆市區，江、浙、川、廣種貨之所聚，生人所須無不有。既憧憧往來，則污穢喧雜，盜賊亡命多隱其間，或期會結約於此，官置巡檢司焉。

九日，上謁南嶽廟。四阿各有角樓，兩廡土偶仗衛〔三四〕，皆取則帝所。正殿獨一神座，監廟與禮直官日上香火，後殿乃與后並處。湖南馬氏所植古松滿庭。殿後東西北三廊壁畫，後宫武洞清所作。紹興二十五年，火發殿上，燒後廊，壁本不圮，官時不覆護〔三五〕，為風雨所壞，帥司亟遣衆工模搨。新廟成，用模本更畫，雖不復武氏筆法，然位置意象，十存七八。自宴樂、優戲、琴弈、圖書、弋釣、紉織，下至擣練、汲井，凡宫中四時行樂作務，粲然畢陳，良工運思苦心，有如此者。朵殿又畫嬪御上直、奩香篝衣之事，尤為精妍。廟吏常鐍後宫門，非命官盛服，毋得入。前廊及中門所畫文武官班、旌旗戈甲之屬，則常筆也。

衡嶽寺在門西集賢峰下，有善果尊者鐵錫存焉。孟氏有蜀，特來施此寺藏經。其簾衣，則蜀人户部侍郎歐陽彬所施，織文妙絶。勝業寺在廟前。登御書閣以望嶽，晚晴，衆山雲盡捲，石廩、紫蓋、痀瘻諸峰畢見，惟祝融在雲氣中。嶽廟正值紫蓋峰下一小山，曰赤帝峰。南臺寺在瑞應峰上，登山之最近者。勝業寺有隋柏，盤踞於地，幾一畝，甚怪奇。柳子厚般舟和尚碑，子厚自書，亦有楷法。余病寒，不能風雨中登山，遂還。

十日，行舟數里，即再見南嶽峰崛敦可尊。而仰帶江别有小山一重，山民幽居點綴上，桃李花方發，望之如臨臯道中〔三六〕。盧仝詩「湘江兩岸花木深」，至此方有句中意。

十一日，早暮行湘江中〔三七〕。

十二日，至衡州。

十三日，十四日，泊衡州，謁石鼓書院，實州治也。始，諸郡未命教時，天下有書院四：徂徠、金山、岳麓、石鼓，山名也。

州北行，岡隴將盡，忽山右一峰，特起如大磯，浸江中〔三八〕。蒸水自邵陽來，繞其左；瀟湘自桂州、零陵來〔三九〕，繞其右：而皆會於合江亭之前，併為一水以東去。石鼓雄踞要會，大略如春秋霸主〔四〇〕，號令諸侯勤王，蒸、湘如兄弟國奔命來會，禀命載書，乃同軌以朝宗。蓋其形勝如此。合江亭，見韓文公詩，今名緑净閣，亦取文公詩中「緑净不可唾」之句。退之貶潮陽時，蓋自此横絶取路，以入廣東，故衡陽之南皆無詩焉。

西廊外，石磴緣山，謂之西溪。有窪尊及唐李吉甫、齊映諸人題刻。書院之前有諸葛武侯新廟，家兄至先為常平使者時所立。

十五日，捨舟從陸。登回雁峰，郡南一小山也。世傳陽鳥不過衡山，至此而回。然聞桂林尚有雁聲。又云此峰預南嶽七十二峰之數，然相去已遠矣。小憩花藥寺，又行二十里，宿。

十六日，十七日，行衡、永間。路中皆小丘阜，道徑粗惡，非堅撥即亂石，坳處又泥淖，雖好晴旬餘，猶未乾，跬步防躓，吏卒呻吟相聞。大抵湘中率不治道，又逆旅、漿家，皆不設圊溷，行客苦之。自吳至桂三千里〔四一〕，除水行外，餘舟車所通，皆夷坦，無大山，惟此有黃羆嶺，極高峻，回複半日，方度。與括之馮公、歙之五嶺相若。宿大營。

十八日，宿永州祁陽縣。始有夷途，役夫至相賀。新出一種板，甓疊數重，每重青白異色，因加人工，為山水雲氣之屏，市賈甚多〔四二〕。

十九日，發祁陽里，渡浯溪〔四三〕。浯溪者，進山石磵也。噴薄有聲，流出江中，上有浯溪橋。臨江石崖數壁，纔高尋丈，中興頌在最大一壁。碑之上，餘石無幾，所謂石崖天齊者，說者謂或是天然整齊之義。碑傍巖石，皆唐以來名士題名，無間隙。外有小丘曰峿臺，小亭曰𢈢亭，與溪而三，是為三吾，皆元子之撰也。別有一臺，祠次山與顏魯公。橋上僧舍，即漫郎宅，黃魯直書其榜，曰浯溪禪寺，又書法堂字，皆崎側不用工。又有陶定書中宮寺榜，寺既不葺，諸榜皆委棄壁下。竊計次山卜隱時，偶見江濱有此叢石，流泉帶之，遂定居。景物不出數畝，湘流至崖下，尤沈碧，助成勝致焉。打碑賣者一民家，自言為次山後人，擅其利〔四〕。過浯溪，皆荒山，岡阪複重。宿東青驛。

始，余讀中興頌，又聞諸搢紳先生之論，以為元子之文，有春秋法，謂如天子幸蜀，太子即位於靈武，書法甚嚴。又如古者盛德大業，必見於歌頌，若今歌頌大業，非老於文學，其誰宜為，則不及盛德。又如「二聖重歡」之語，皆微詞見意。夫元子之文，固不為無微意矣。而後來各人，貪作議論，復從旁發明呈露之，魯直詩至謂「撫軍監國太子事，何乃趣取大物為」，又云「臣結春陵二三策，臣甫杜鵑再拜詩，安知臣忠痛至骨，後來但賞瓊琚詞」。魯直即倡此論，繼作者靡然從之，不復問歌頌中興，但以詆罵肅宗為談柄，至張安國極矣。曰「樓前下馬作奇祟，中興之功不當罪」，豈有臣子方頌中興，而傍人遽暴其君之罪，於體安乎！

夫頌者，美盛德之形容，以成功告於神明者也，別無他意，非若風雅之有變也。商、周、魯三詩，可以概見。今元子乃以筆削之法，寓之聲詩，婉詞含譏，蓋之而章。使真有意耶？固已非是，諸公譟其傍又如此，則中興之碑乃一罪案，何頌之有！觀魯直「二三策」與「痛至骨」之語，則誠謂元子有譏焉。余以為是非善惡，自有史册，歌頌之體，不當含譏。譬如上壽父母之前，捧觴善頌而已，若父母有闕遺，非奉觴時可及。磨崖頌大業，豈非奉觴事耶！元子既不能無誤，而諸人又從傍詆訶之不恕，何異執兵以詬人之父母於其子孫為壽之時者乎，烏得為事體之正。

余不佞，題五十六字於溪上。如欲止君臣父子之大綱，與夫頌詩形容之本旨，亦不暇為元子及諸詞人地也。詩既出，零陵人大以為妄，謂余不合點破渠鄉曲古蹟。有閩人施一靈者，通判州事，助之譟，獨教授王阮南卿是余言，則併指南卿以為黨云。

二十日，行羣山間，有青石如雕鎪者，叢卧道傍，蓋入零陵界焉。晚，宿永州，泊光華館。郡治在山坡上，山骨多奇石。登新堂及萬石堂〔四五〕，皆柳子厚之舊。新堂之後，羣石滿地，或卧或立，沼水浸，碧荷亂生石間。萬石堂在高陂，乃無一石，恐非其故處。然前望衆山，回合如海，登覽甚富。子城脚有蒼石崖，圍一小亭。又有瀟湘樓，下臨瀟水，不葺。

二十二日，渡瀟水，即至愚溪。亦一澗泉，瀉出江中。官路循溪而上，碧流淙潺，石瀨淺澀，不可杭，春漲時或可，所謂「舟行若窮忽又無際」者，必是汎一葉舟耳。溪上愚亭，以祠子厚。路傍有鈷鉧潭。鈷鉧，熨斗也，潭狀似之。其地如大小石渠、石澗之類，詢之，皆蕪没篁竹中，無能的知其處者。

二十三日，行山間，宿深溪。桂之門接牙隊，例至於此。

二十四日，宿全州，泊至湘館。

二十五日，入湘山寺。有無量壽佛塔。塔中祖僧之像，號稱真身，有所著書十餘卷，土人奉之惟謹，亦多靈響之説。出山，遵湘水崖壁，行石磴上，清流如箭，境清而麗，佳處名盤石山。有泉自洞罅中噴出，當道，名玉髓泉。

二十六日，入桂林界，有大華表，跨官道，榜曰廣南西路。家人子舉頭驚咤，以為何為至此也。然自湖南盡處，赤土小山，綿延無已。至湘，山雖佳，然邨落蹊隧，猶嫌狹，少夷坦。甫入桂林界，平野豁開，兩傍各數里，石峰森峭，羅列左右，如排衙引而南，同行皆動心駭目，相與指示夸歎，又謂來遊之晚。夾道高楓古柳，道塗大逵，如安肅故疆及燕山外城，都會所有，自不凡也。泊大通驛。道上時有鮮血之點凝漬，可惡。意謂封羊豕者舁過所滴，然亦怪何其多也。忽悟此必食檳榔者所唾。徐究之，果然。

二十七日，昕經略安撫使印，自此趨府，二十七里至安興縣，十七里入嚴關。兩山之間，僅容車馬，所以限嶺南北。相傳過關即少雪有瘴。二十三里過秦城，秦築五嶺之戍，疑此地是。

二十八日，至滑石鋪。嶺中有龍思泉，又曰碧玉泉，小亭對之。張安國題詩曰：「煩君浄洗南來眼，從此山川勝北州。」即知桂林巖壑，必稱所聞矣。二十二里，至靈川縣〔四六〕，秦史禄所穿靈渠在焉。縣以此名。六十里至八桂堂，桂林北城外之别圃也。未至八桂二三里間，有小坡横道，高丈餘，上有石碑曰桂嶺，其實非也。桂嶺聞在賀州，名始安嶺，彼州又有桂嶺縣。今桂林所治，乃零陵地，舊屬荆州。比自中原來南者，久不行賀州嶺路，但取道於此。故事，帥守監司過嶺，即有任子恩，纔越此坡，小即沾賞。前帥吕源者，立碑坡下數年，盡朘賞典，而碑猶存。

泊八桂堂十日。

三月十日，入城，交府事。郡治前後，萬峰環列，與天無際。按，桂林自唐以來，山川以奇秀稱。韓文公雖不到，然在潮乃熟聞之，故詩有「參天」、「帶水」、「翠羽」、「黄甘」之語，末句乃曰：「遠勝登仙去，飛鸞不暇驂。」蓋歆豔之如此。故余行紀，以驂鸞名之。若其風土之詳，則有桂海虞衡志焉。

校勘記

〔一〕亦再期乃歸　「再」原缺，據明抄本補。按：以上已云「再期」。又：「再期」謂二年。范成大帥桂、帥川，均為二年。

〔二〕蔬食而旦張樂　明抄本「旦張樂」作「張旦樂」，疑是。

〔三〕登籃輿小憩牛氏歲寒堂　明抄本「小」後有「嶺」字，疑是。按：以下云「過大嶺」。作「小嶺」，則「嶺」字後斷。

〔四〕亦有自他所移徙置道傍以補闕空者　「移」原作「遺」，據明抄本、説郛、庫本改。

〔五〕山鬼搶攘　明抄本「鬼」作「癸」。

〔六〕一丘　庫本「丘」作「峰」。

〔七〕泉聲瀉壞磴中　明抄本「壞」作「山」。説郛作「壞」。

〔八〕亭前兩大枯木可千年德清古物餘不知他　説郛「德清古物餘不知他」作「德清古之餘杭地」。
〔九〕道間有梅花邨　明抄本「花邨」作「邨花」。按：疑作「邨花」是。
〔一〇〕張氏妹從其夫方宧臨安　明抄本「張」作「章」。下同。
〔一一〕其言悲焉　「焉」原缺，據明抄本補。
〔一二〕夜小霽　「夜」原作「但」，據説郛本改。
〔一三〕披使虜時所作綿袍　「虜」原作「金」，據明抄本改。
〔一四〕比及嚴則所征數百倍　明抄本「百」前有「十」字。
〔一五〕至漸江乃賣兩千　庫本「漸」作「浙」。
〔一六〕宿湯嶇　底本原校：「嶇」一作「崛」。
〔一七〕縣有干越亭　「干越」之「干」原作「于」，據庫本改。輿地紀勝卷二十三江南東路饒州景物下餘干有干越亭。
〔一八〕大勝帥府　「勝」原作「甚」，據明抄本改。庫本作「勝」。
〔一九〕廳事及薌林堂皆為樾蔭所泊　「泊」原作「迫」，據明抄本改。庫本作「遍」。
〔二〇〕求買得之　「求」原缺，據明抄本補；庫本作「未」，乃「求」之誤。

〔二一〕極其繁縟　「縟」原作「廡」，據明抄本改。按：「縟」意爲豐多。

〔二二〕夢與許君談養生　「許」原缺，據明抄本補。據輿地紀勝卷三十四江南西路臨江軍景物下玉虚觀條及仙釋王長史條，知許君乃許遜敬之，仙人。

〔二三〕先至孚惠廟　「惠」原作「忠」，據明抄本、説郛本改。輿地紀勝卷二十八江南西路袁州古迹仰山廟條作「孚惠」。

〔二四〕祠山張王廟　明抄本「山」作「川」。

〔二五〕文稱寶大元年　明抄本、説郛「寶大」作「保大」。下同。

〔二六〕桂林迓吏曰吾州亦有此廟　「曰吾」原作「自言梧」，據明抄本改。按：據下文，作「曰吾」是。「吾州」者，桂林也。

〔二七〕過袁禱於二王　「袁」原作「遠」，據明抄本改。

〔二八〕徑程以求醫　庫本「徑」作「緩」。疑作「緩」是。

〔二九〕别是一川陸　「川」原作「出」，據明抄本改。

〔三〇〕流而出於瀟湘　「出」原作「川」，據明抄本改。

〔三一〕宿山陽驛　明抄本「陽」作「裘」。

〔三二〕宿櫧州市　「櫧」原作「儲」。黄氏日鈔和石湖居士詩集卷十三均作「櫧」，今據改。

〔三三〕湘江兩岸小山坡陀　「兩」原缺，據明抄本補。

〔三四〕兩廡土偶仗衛　明抄本「兩廡」字上有「各接」二字。

〔三五〕官時不覆護　「時不」原作「不時」，據明抄本改。

〔三六〕望之如臨臯道中　明抄本「臯」作「平」。按：疑作「平」是。

〔三七〕早暮行湘江中　「江」原缺，據明抄本補。

〔三八〕忽山右一峰特起如大磯浸江中　「特」原缺，據説郛補。

〔三九〕瀟湘自桂州零陵來　「州」原缺，據説郛補。

〔四〇〕大略如春秋霸主　「主」原作「王」，據説郛、庫本改。

〔四一〕自吴至桂三千里　明抄本「三」作「二」。

〔四二〕市賈甚多　明抄本「賈」作「賣」。

〔四三〕發祁陽里渡浯溪　明抄本「里」後有「所」字，「渡」後有「訟」字。

〔四四〕自言為次山後人擅其利　「人」原缺，據明抄本補。

〔四五〕登新堂及萬石堂　「萬石堂」原作「萬石亭」，今從明抄本。按：以下云及萬石堂。

〔四六〕至靈川縣 「川」原作「州」，據明抄本、庫本改。按，元豐九域志卷九廣南西路桂州有靈川縣。

宋黄震黄氏日鈔卷六十七驂鸞録節文

公赴廣帥時筆也。昌黎詠桂林，有「遠勝登仙去，飛鸞不暇驂」之句，故以名録。

公以乾道壬辰十二月發吴郡，過湖州，游石林，是為大玲瓏，荒寂難居，時已蕪矣。又有小玲瓏，在長興路口。過德清，有左顧亭，孔愉放龜處也。歷餘杭、富陽。

癸巳正旦，登桐廬之釣臺。至嚴州，有浮橋，重征排杉處也。至蘭溪，避泥潦，登陸，取婺州，至衢州，過常山縣，至信之玉山縣，泊信州。

再登舟，過弋陽、貴溪，綿延皆低石山。入饒之安仁縣，至餘干縣。有琵琶洲，以形似名。自鄔子口，渡鄱陽湖尾，泛江，至隆興府。滕王閣故基甚侈，今但城上作堂耳。東湖秀而野。許真君觀鐵柱在東廡小枯池中，出地三尺許。

過豐城縣。㠎寶氣亭，有張雷廟，云掘劍處。至臨江軍。登陸，遊薌林、盤園。由新喻縣至袁之分宜縣，至袁州，遊仰山嶺阪皆由，名梯田，滿山皆方竹。

過萍鄉縣，入湖南界潭州之醴陵縣。江西道中，林薄逼塞，至是平蕪豁然，松、柏皆峭直如杉。

至櫧州市，為舟、車更易之衝。人捨輿，泝湘江。六日而至衡山縣。湘山皆迤邐，南嶽忽雄特，夾路三十里古松，至嶽市。

嶽市者，環廟皆墟市，江、浙、川、廣，衆貨所聚。公至，謁南嶽廟，遊衡嶽寺、勝業寺、南臺寺。風雨不可登山。

復舟行湘中。至衡州，謁石鼓書院，實州學也。始，諸郡未分教時，天下有書院四：徂徠、金山、嶽麓、石鼓。石鼓，山名也。行岡將盡，忽石峰特起浸江中。蒸水自邵陽來，繞其左；瀟湘自桂林、零陵來，繞其右。石鼓雄踞其會。

公自衡登陸，過黃羆嶺，入永州之祁陽縣，始有坦途。新出石板，為山水雲氣之屏。

遊浯溪。作詩，言中興頌含譏諷為非，譬父母有過，非捧觴稱頌時可及。

至永州，訪愚溪。

至全州，入桂林界。傍闊各數里，石峰森峭，羅列左右。

入嚴關，兩山間僅容車馬，所以限嶺南北。二十三里，過秦城，秦筑。五嶺之戍，疑此地是。

二十二里，至靈川縣。秦史禄所穿靈渠在焉。

今桂林所治，乃零陵地，舊屬荆州。桂嶺本在賀州，今入於桂。未二三里，立碑名桂嶺者，前帥欲得過嶺任子賞耳。故桂獨無瘴云。

附録

元脱脱等宋史一則

范成大驂鸞録一卷　卷二百三志第一百五十六傳記類。

明葉盛菉竹堂書目一則

范石湖驂鸞録一册　卷三子雜。

明文淵閣書目一則

范石湖驂鸞録　一部，一册，闕　卷八子雜。

清四庫全書總目提要一則

驂鸞録一卷。浙江鮑士恭家藏本。

宋范成大撰。成大字致能，號石湖居士。吴郡人。紹興二十四年進士。孝宗時，累官權吏部尚書、參知政事。進資政殿學士。提舉洞霄宫，卒謚文穆。事蹟具宋史本傳。此編乃乾道壬辰成大自中書舍人出知静江府時紀途中所見。其曰驂鸞者，取韓愈詩「遠勝登仙去，飛鸞不暇驂」語也。書末有云：「若其風土之詳，則有桂海虞衡志焉。」考虞衡志作於自桂林移帥成都時，其初至粤時未有也，則此書殆亦追加删潤而成者歟！中間序次頗古雅，其辨元結浯溪中興頌一條，排黄庭堅等之刻論，尤得詩人忠厚之旨。其載仰山孚忠廟，有楊氏稱吴時加封司徒竹册尚存，文稱寶大元年，又稱向得吴江寺石幢所記，亦以寶大紀年，因疑錢氏有浙時，或曾用楊氏正朔，以此二物為證。然考之於史，錢、楊屢相攻擊，互有負勝，其勢殊不相下，斷無臣事淮南之理；而楊氏亦自有武義、順義、乾貞、太和諸年號，其吴越之寶大，正當順義四五年，亦不應有一國兩元之事，成大所見，或出自後人僞造也。吴任臣作十國春秋紀元表，於此事不加辨證，當由未檢此書歟！卷五十八史部傳記類。

清周中孚鄭堂讀書記一則

驂鸞録一卷。知不足齋叢書本。

宋范成大撰。四庫全書著録，宋志亦載之。石湖以乾道壬辰出知静江府，因隨日記道途所見，自十二月七日至明年二月二十八日止，凡山川古迹，與所游從論述，可喜可感，隨筆占記，事核詞雅，實具史法。按：静江府即今桂林，自唐以來，山川以奇秀稱，韓文公雖未曾到，然在潮乃熟聞之，故詩有「遠勝登仙去，飛鸞不暇驂」語。石湖因取此以名其書云。若其風土之詳，則有桂海虞衡志，記於地理類中，鮑氏則刻於此書之後，故以明嘉靖丁亥盧襄石湖紀行三録跋即附是本之後，又為之跋。三録者，謂攬轡録、吴船録及是録也，祕笈、普亦收入之。卷二十四。

桂海虞衡志

目録

附録

點校説明

按照寫作時間，桂海虞衡志是范成大的第三部筆記。

在范成大的幾部筆記中，攬轡録以高度的歷史價值稱；而桂海虞衡志除有高度的歷史價值外，還有很高的科學價值，而且後者更為突出。但是，我們現在所見到的這二部筆記，都是節略本，這不能不令人感到遺憾。

桂海虞衡志考察了以桂林為中心的廣大廣右地區的植物（花、果、草、木）、動物（禽、獸、蟲、魚）、礦産（金、石）、土産（香、酒）、工技（軍器、樂器、其他工藝品）、巖洞（地貌、地質構造）、風俗、氣候、文字等。桂海虞衡志是廣右地區的博物志。

桂海虞衡志在志蠻專章中考察了廣西經略使所屬各個少數民族地區的情況。實際是廣右地區的民族志；其所記載的安南情況，是研究有關歷史的第一手資料。

本書足本為三卷。今本志蠻僅一千餘字，而文獻通考所引足一萬字；今本添色芙蓉花一條僅十六字，而永樂大典所引為五十六字。今本全書約為一萬四千字。以彼較此，本書足本當為十萬字或略多。

據清康熙間顧嗣立刻石湖居士詩集卷首題識，其時范成大石湖大全集尚在。不知此大全集是否包括本書，不好推測。然就現有記載判斷，本書足本之亡，當在明嘉靖之前。以明嘉靖古今說海所收即為今本。

本書通行本有：

一、涵芬樓鉛印說郛本。簡稱涵本。

二、明嘉靖刻古今說海本。

三、明吴琯古今逸史本。

四、宛委山堂刊說郛本。簡稱宛本。

五、四庫全書本。簡稱庫本。

六、清鮑廷博刻本。簡稱鮑本。

各本之中，涵本最善，今用以為底本。校以宛本、庫本（此所用者，為影文淵閣本）、鮑本。古今說海、古今逸史本之長，已盡鮑本，故不另採。清周星詒有校抄本，藏北京圖書館，間有周個人校語及所引盧某校語（稱盧云），今亦引，分稱周校、盧校。

元刻、明修本黄氏日鈔節文其有補充、參考意義者，全文録入適當部分。其與本書完全重複者，略之。黄氏日鈔文字，次正文之後。黄氏日鈔尚有清乾隆本。乾隆本對於所録元刻本節文有參校意義者，亦用以為校，稱乾隆本。

永樂大典所引文字，極為珍貴，自用以校補。本草綱目徵引本書多達二十餘處，其文字往往與本書略異，亦録出以供參考。

此次整理所使用的文獻通考，乃商務印書館影印十通本。不妥之處，尚望讀者指正。

孔凡禮　一九九七年十二月

桂海虞衡志

序

始予自紫微垣，出帥廣右，姻親故人張飲松江，皆以炎荒風土為戚。予取唐人詩，考桂林之地，少陵謂之宜人，樂天謂之無瘴，退之至以湘南江山勝於驂鸞仙去，則宦游之適，寧有踰於此者乎！既以解親友而遂行。

乾道八年三月，既至郡，則風氣清淑，果如所聞，而巖岫之奇絶，習俗之醇古，府治之雄勝〔一〕，又有過所聞者。予既不鄙夷其民，而民亦矜予之拙而信其誠，相戒毋欺侮。歲比稔，幙府少文書，居二年，余心安焉。

承詔徙鎮全蜀，亟上疏固謝不能，留再閲月，辭勿獲命，乃與桂民別。民觴客於途，既出郭，又留二日，始得去。航瀟湘，絶洞庭，泝灩澦，馳驅兩川，半年達於成都。道中無事，時念昔游，因追記其登臨之處與風物土宜，凡方志所未載者，萃為一書，鑾陬絶徼見聞可紀者，亦附著之，以備土訓之圖。噫，錦城以名都樂國聞天下，予幸得至焉，然且惓惓於桂林，至爲之綴緝瑣碎如此。蓋以信予之不鄙夷其民，雖去之遠，且在名都樂國，而猶勿忘之也。淳熙二年長至日，吴郡范成大致能書。

校勘記

〔一〕府治之雄勝　「府治」原作「官府」，今從宛本、鮑本。

志巖洞

予嘗評桂山之奇，宜為天下第一。士大夫落南者少，往往不知，而聞者亦不能信。予生東吴，而北撫幽、薊，南宅交、廣，西使岷峨之下，三方皆走萬里，所至無不登覽。太行、常山、衡嶽、廬阜，皆崇高雄厚，雖有諸峰之名，正爾魁然大山，峰云者，蓋强名之。其最號奇秀，莫如池之九華，歙之黄山，括之仙都，温之雁蕩，夔之巫峽，此天下同稱之者，然皆數峰而止爾，又在荒遠僻絶之瀕，非几杖間可得。且所以能拔乎其萃者，必因重岡複嶺之勢，盤亘而起，其發也有自來。桂之千峰，皆旁無延緣，悉自平地崛然特立，玉筍瑶篸，森列無際，其怪且多如此，誠當為天下第一。韓退之詩云：「水作青羅帶，山如碧玉篸。」柳子厚訾家洲記云：「桂州多靈山，發地峭壁〔一〕，林立四野。」黄魯直詩云：「桂嶺環城如雁蕩，平地蒼玉忽嵯峨。」觀三子語意，則桂山之奇，固在目中，不待予言之贅。頃嘗圖其真形，寄吴中故人，蓋無深信者，此未易以口舌争也。山皆中空，故峰下多佳巖洞，有名可紀者三十餘所，皆去城不過七八里，近者二三里，一日可以徧至。今推其尤者，記其略。

讀書巖。在獨秀峰下。峰直立郡治後，爲桂主山，傍無坡阜，突起千丈。峰趾石屋有便房，石榻石牖，如環堵之室。顔延年守郡時，讀書其中。

伏波巖〔二〕。突然而起，且千丈。下有洞，可容二十榻。穿鑿通透，户牖傍出。有懸石如柱，去地一綫不合。俗名馬伏波試劍石。前浸江濱，波浪洶湧，日夜漱嚙之。

疊綵巖。在八桂堂後，支徑登山，太半有大洞，曲轉，穿出山背。

白龍洞。在南溪平地半山，中龕有大石屋，由屋右壁入洞，行半途，有小石室〔三〕。

劉仙巖。在白龍洞之陽，仙人劉仲遠所居也。石室高寒，出半山間。

華景洞。高廣如十間屋，洞門亦然。

水月洞。在宜山之麓，其半枕江。天然刓刻作大洞門，透徹山背。頂高數十丈，其形正圓，望之端整如大月輪。江別派流貫洞中，踞石弄水，如坐捲蓬大橋下。

龍隱洞、龍隱巖。皆在七星山脚，没江水中。泛舟至石壁下，有大洞門，高可百丈。鼓棹而入，仰視洞頂，有龍迹夭矯，若印泥然，其長竟洞。舟行僅一箭許，别有洞門可出。巖在洞側，山半有小寺，即巖爲佛堂，不復屋。

雉巖。亦江濱獨山，有小洞，洞門下臨灕江。

立魚峰。在西山後，雄偉高峻，如植立一魚。餘峰甚多，皆蒼石刻峭。

棲霞洞。在七星山。七星山者，七峰位置如北斗。又一小峰在傍，曰輔星。石洞在山半腹。入石門，下行百餘級，得平地，可坐數十人〔四〕。旁有兩路。其一西行，兩壁石液凝沍，玉雪晶瑩。頂高數十丈，路闊亦三四丈，如行通衢中，頓足曳杖，彭鏗有鼓鐘聲，蓋洞之下又有洞焉。半里遇大壑，不可進。一路北行，俯傴而入，數步則寬廣。兩旁十許丈，鍾乳垂下纍纍。凡乳牀必因石脈而出，不自頑石出也。進里餘，所見益奇。又行食頃，則多歧，游者恐迷途，不敢進，云通九疑山也。

元風洞。去棲霞傍數百步。風自洞中出，寒如冰雪。元字，胡涓切。

曾公洞。舊名冷水巖。山根石門砑然，入門，石橋甚華〔五〕，曾丞相子宣所作。有澗水，莫知所從來，自洞中右旋，東流橋下，復自右入，莫知所往，或謂伏流入于江也。度橋有仙田數畝。過田，路窄且濕，俯視石罅尺餘，匍匐而進，旋復高曠，可通棲霞。

屏風巖。在平地斷山峭壁之下。入洞門，上下左右皆高曠百餘丈〔六〕。中有平地，可宴百客。仰視鍾乳森然，倒垂者甚多。躡石磴五十級，有石穴，通明。透穴而出，則山川城郭，恍然無際。余因其處作壺天觀〔七〕，而命其洞曰空明。

隱山六洞。皆在西湖中，隱山之上。一曰朝陽，二曰夕陽，三曰南華，四曰北牖，五曰嘉蓮，六曰白隺〔八〕。

泛湖泊舟，自西北登山，先至南華。出洞而西，至夕陽。洞旁有石門可出〔九〕，至北牖。出洞十許步，至朝陽。又西，至白隺〔一〇〕。穴口隘狹，側身入，有穴通嘉蓮。西湖之外，既有四山繞之，碧玉千峰〔一一〕，倒影水面，固已奇絶，而湖心又浸隱山，諸洞之外，別有奇峰，繪畫所不及。荷花時，有泛舟故事，勝賞甲於西南〔一二〕。

北潛洞。在隱山之北，中有石室、石臺、石果之屬。石果作荔枝、胡桃、棗栗之形。人采取玩之，或以飣盤相問遺。

南潛洞。在西湖中，羅家山之上。

佛子巖。亦名鍾隱巖。去城十里，號最遠。一山崒起莽蒼中。山腰有上、中、下三洞，最廣。中洞明敞，高百許丈。上洞差小，一寺就洞中結架，因石屋為堂室。

盧秀洞〔三〕。去城差遠。大石室面平野。室左右皆有徑隧，各數十百步，穿透兩傍，亦臨平野。

以上所紀，皆附郭可日涉者。餘外邑巖洞尚多，不可皆到。興安石乳洞最奇，予罷郡時過之。上、中、下三洞。此洞與棲霞相甲乙，他洞不及也。陽朔亦有繡山、羅漢、白鶴、華蓋、明珠五洞，皆奇。又聞容州都嶠有三洞天，融州有靈巖真仙洞，世傳不下桂林，但皆在瘴地，士大夫尤罕到。

校勘記

〔一〕發地峭壁　宛本、鮑本、庫本「壁」作「豎」。

〔二〕伏波巖　庫本「巖」後有「在灕江濱」四字。

〔三〕行半途有小石室　庫本「行」後有「盛暑重裘而入」六字；「室」後有「四面悉乳液所結玉鱗雪花燦若寶所」十五字。

〔四〕得平地可坐數十人　庫本「人」後有「六月無炎大冬温然」八字。

〔五〕石橋甚華　周本「華」作「高」。

〔六〕入洞門上下左右皆高曠百餘丈　宛本、庫本、鮑本「曠」作「廣」。

〔七〕余因其處作壺天觀　宛本、鮑本「壺」作「朝」。庫本作「壺」，原校：一作「朝」。

〔八〕五曰嘉蓮六曰白萑　庫本「蓮」作「遁」，原校：一作「蓮」。下同。庫本「萑」作「雀」，下同。

〔九〕洞旁有石門可出　宛本、庫本、鮑本「旁」作「窮」。

〔一〇〕又西至白萑　宛本、鮑本「白萑」作「北牖」。

〔一一〕碧玉千峰　「千」原作「每十」，據宛本、庫本、鮑本改。

〔一二〕勝賞甲於西南　宛本、庫本、鮑本「西」作「東」。

〔一三〕盧秀洞　宛本、庫本、鮑本「盧」作「虛」。疑作「虛」是。

志金石

本草有玉石部，專主藥物，非療病，雖重不録。此篇亦主為方藥所須者。

生金。出西南州峒，生山谷田野沙土中，不由礦出也。峒民以淘沙為主，坯土出之，自然融結成顆。大者如麥粒，小者如麩片，便鍛作服用，但色差淡耳。欲令精好，則重鍊取足色，耗去十二三。既鍊，則是熟金。丹竈所須生金，故録其所出。

丹砂。本草以辰砂為上，宜砂次之。今宜山人云：「出砂處與湖北犬牙，山北為辰砂，南為宜砂。地脈不殊，無甚分别。宜砂老者白色，有牆壁，如鏡，生白石床上，可入鍊，勢敵辰砂。」本草圖經乃云：「宜砂出土石間，非白石床所生。」即是未識宜砂也。

别有一種色紅質嫩者，名土坑砂，乃是點都感切，黑也（一）。出土石間者，不堪耐火。邕州亦有砂，大都數十百兩作塊，黑闇，少牆壁，嚼之紫黛，不堪入藥（二），彼人惟以燒取水銀。圖經又云：「融州亦有砂。」今融州元無砂。邕、融聲相近，蓋又誤云。

水銀。以邕州溪洞朱砂末之，入爐燒取，極易成，以百兩為一銚。銚之制，以猪胞為骨，外糊厚紙數重，貯之不漏。

鍾乳。桂林接宜、融山中，洞穴至多，勝連州遠甚。余游洞親訪之，仰視石脈湧起處，即有乳牀如玉雪，石液融結所為也。乳牀下垂，如倒數峰小山，峰端漸鋭，且長如冰柱〔三〕。柱端輕薄中空，如鵝管。乳水滴瀝未已，且滴且凝。此乳之最精者，以竹管仰承拆取之〔四〕。煉冶家又以鵝管之端尤輕明如雲母爪甲者為勝。

銅。邕州右江州峒所出，掘地數尺即有礦，故蠻人好用銅器。

緑。銅之苗也。亦出右江有銅處。生石中質如石者，名石緑。又有一種脆爛如碎土者，名泥緑，品最下，價亦賤。

滑石。桂林屬邑及猺洞中皆出。有白、黑二種，功用相似。初出如爛泥，見風則堅，又謂之冷石。土人以石灰圬壁，及未乾時，以滑石末拂拭之，光瑩如玉。

鉛粉。桂林所作最有名，謂之桂粉，以黑鉛著糟瓮罨化之。

無名異。小黑石子也。桂林山中極多，一包數百枚。

石梅。生海中。一叢數枝，横斜瘦硬，形色真枯梅也。雖巧工造作，所不能及。

根所附著如覆菌。或云：本是木質，為海水所化，如石蟹、石蝦之類。石柏。生海中。一幹極細，上有一葉，宛是側柏，扶疏無小異。根所附著如烏藥，大抵皆化為石矣。此與石梅雖未詳可入藥用否，然皆奇物，不可不志。

校勘記

〔一〕點都感切黑也　此六字，庫本、鮑本無，疑有脱文。
〔二〕黑闇少牆壁嚼之紫黛不堪入藥　庫本「黑」作「里」；「黛」作「黯」，原校：一作「黛」。
〔三〕峰端漸鋭且長如冰柱　「柱」原作「牀」，今據宛本、庫本、鮑本改。
〔四〕以竹管仰承拆取之　宛本、鮑本「拆」作「折」，疑作「折」是。

宋黄震黄氏日鈔卷六十七本節節文

生金出溪洞沙土中，丹竈家所須，大如雞子者為金母。丹砂以辰砂為上，山南為宜州，與辰州同此山，故宜砂老者鐵色，有牆壁如鏡，生白石床上，可入煉，勢敵辰砂。

邕州砂大而多黕暗，少牆壁，惟以燒取水銀。

水銀燒法，以鐵為上下釜。上釜貯砂，隔以細眼鐵板，覆之下釜之上。下釜盛水，埋地中，仰合上釜之唇，固濟周密，熾火灼之。砂化為霏霧，下墜水中，聚為水銀。邕州取丹砂盛處椎鑿，有水銀自然流出。客販皆燒取而成者。百兩為一銚，銚以紙糊猪胞，不漏。

鍾乳……煉冶家又以鵝管之端，輕明如雲母爪甲，紋如蟬翼者為勝。廣東以鵝管石遺人，率粗黃，蜀中所出亦枯澀。其鵝管窒塞及粗礧近床處，通謂之孽。

綠。銅之苗也，生石中，質如石者。淘其英華，供繪畫。次飾棟宇，泥綠最下。

鉛粉。以黑鉛着糟甕罨化之。乾道初，始官造粉，歲得錢二萬緡。

無名異。小黑石子，價極賤。

石梅、石柑。生海中，未詳，可入藥。

志香

南方火行，其氣炎上，藥物所賦，皆味辛而嗅香。而沉、箋之屬世專謂之香者，又美之所種也〔一〕。世皆云二廣出香，然廣東香乃自舶上來，廣右香廣海北者亦凡品，惟海南最勝。人士未嘗落南者，未必盡知，故著其說。

沉水香。上品出海南黎峒，亦名土沉香，少大塊。其次如繭栗角，如附子，如芝菌，如茅竹葉者，皆佳。至輕薄如紙者，入水亦沉。

香之節因久蟄土中，滋液下向，結而為香〔二〕。採時香面悉在下，其背帶木性者乃出土上。環島四郡界皆有之〔三〕，悉冠諸蕃所出，又以出萬安者為最勝。説者謂萬安山在島正東，鍾朝陽之氣，香尤醞藉豐美。

大抵海南香氣皆清淑，如蓮花、梅英、鵝梨、蜜脾之類，焚一博投許氛翳彌室〔四〕。翻之四面悉香，至煤燼氣亦不焦，此海南香之辨也。

北人多不甚識，蓋海上亦自難得。省民以牛博之於衆黎，一牛博香一擔，歸自差擇，得沉水十不一二。中州人士但用廣州舶上占城、真臘等香〔五〕，近年又貴丁流眉來者。予試之，乃不及海南中、下品。舶香往往腥烈，不甚腥者，意味又短，帶木性，尾烟必焦。其出海北者，生交趾，及交人得之海外蕃舶而聚於欽州，謂之欽香。質重實，多大塊，氣尤酷烈，不復風味，惟可入藥，南人賤之。

蓬萊香。亦出海南。即沉水香結未成者。多成片，如小笠及大菌之狀，有徑一二尺者，極堅實，色狀皆似沉香，惟入水則浮，刳去其背帶木處，亦多沉水。

鷓鴣斑香。亦得之於海南沉水、蓬萊及絕好箋香中。槎牙輕鬆，色褐黑而有白斑，點點如鷓鴣臆上毛，氣尤清婉，似蓮花。

箋香。出海南。香如猬皮、栗蓬及漁蓑狀，蓋修治時雕鏤費工，去木留香，棘刺森然。香之精鍾於刺端，芳氣與他處箋香迥別。出海北者，聚於欽州，品極凡，與廣東舶上生、熟、速、結等香相埒。海南箋香之下，又有重、漏、生、結等香，皆下色。

光香。與箋香同品第，出海北及交趾。亦聚於欽州，多大塊。如山石枯槎，氣粗烈如焚松檜。曾不能與海南箋香比，南人常以供日用及常程祭享。

沉香。出交趾。以諸香草合和蜜調如薰衣香。其氣温馨，自有一種意味，然微昏鈍。

香珠。出交趾。以泥香捏成小巴豆狀，琉璃珠間之，彩絲貫之，作道人數珠。入省地賣，南中婦人好帶之。

思勞香。出日南。如乳香，歷青黃褐色〔六〕，氣如楓香，交趾人用以合和諸香。

排草〔七〕。出日南。狀如白茅，香芳烈如麝香，本亦用以合香。諸草香無及之者。

檳榔苔。出西南諸島，生檳榔木上，如松身之艾蒳。單爇極臭，交趾人用以合泥香，則能成温馨之氣。功用如甲香。

橄欖香。橄欖木脂也，狀如黑膠飴。江東人取黃蓮木及楓木脂以為欖香，蓋其類。出於橄欖，故獨有清烈出塵之意，品格在黃連、楓香之上。桂林東江有此果，居人采香賣之，不能多得，以純脂不雜木皮者為佳。

零陵香。宜、融等州多有之。土人編以為席，薦坐褥，性暖宜人。零陵，今永州，實無此香。

校勘記

〔一〕又美之所種也　宛本、庫本、鮑本「種」作「鍾」。疑作「鍾」是。

〔二〕香之節因久蟄土中滋液下向結而為香　宛本、庫本、鮑本「蟄」作「蟄」，「向」作「流」。按：日鈔作「蟄」。

〔三〕環島四郡界皆有之　「界」原作「果」，據宛本、庫本、鮑本改。

〔四〕焚一博投許氛翳彌室　盧文弨校：「許」前或增「少」字。

〔五〕中州人士但用廣州舶上占城真臘等香　「上」原缺，據宛本、鮑本補。「臘」原作「蠟」，今據宛本、庫本、鮑本改。

〔六〕歷青黄褐色　庫本「歷」作「瀝」。

〔七〕排草　庫本作「排香」；原校：「香」一作「草」。

宋黄震黄氏日鈔卷六十七本節節文

沉香。出海外黎洞。香木既枿，其節目久蟄土中，數百年不腐，益精堅，滋液下垂，結而為香。面多在下，如山峰、怪石、怪獸、龜蛇，次如藕栗角、附子、芝菌、茅竹葉者，皆佳。至輕薄如紙者，入水亦沉。

盡觀諸蕃所出，尤以萬安為最勝，在島正東，鍾朝陽之氣也。海南香氣皆清淑，燒之，氛翳彌室，翻之四面悉香，至煤燼，氣不焦，價與白金等。

中州但用廣州舶上占城、真臘、登流眉等香，腥烈味短，帶木香，尾烟必焦。其出海北者，生交趾。及交人得之蕃落，來欽州者為欽香，氣酷烈，惟可入藥。

箋香。出海南者，如猬毛、栗蓬、漁蓑狀。修治，去木留香。香之精鍾於刺端，芳氣與他處箋香迥別。香木葉如冬青而圓，皮似楮皮而厚；花黄，類菜花；子，青黄類羊矢。海南人以斧斫坎，使膏液凝沍，徐於斧痕中採以為香，如箋香之類，多出人為。又有重、漏、生、結等，皆下色。

蟹殼香。出高、化州。

志酒

余性不能酒，士友之飲少者莫予若也，然知酒者亦莫予若也。頃數仕於朝，游王公貴人家，未始得見名酒。使虜至燕山，得其宫中酒號金蘭者，乃大佳。燕西有金蘭山，汲其泉以釀。及來桂林，而飲瑞露，乃盡酒之妙，聲震湖廣，則雖金蘭之勝，未必能頡頏也。

瑞露。帥司公廚酒也。經撫廳前有井清洌，汲以釀，遂有名。今南庫中自出一泉，近年只用庫井酒，仍佳。

古辣泉。古辣本賓、横間墟名。以墟中泉釀酒，既熟，不煮，埋之地中，日足取出。

老酒。以麥麴釀酒，密封藏之，可數年。士人家尤貴重。每歲臘中，家家造鮓，使可為卒歲計。有貴客，則設老酒、冬鮓以示勤，婚娶以老酒為厚禮。

宋黄震黄氏日鈔卷六十七本節節文

八桂有瑞露，石湖用其法釀於成都，名萬里春，其法具存。

志器

南州風俗，猱雜蠻猺，故凡什器多詭異，而外蠻兵甲之製，亦邊鎮之所宜知者〔一〕。

竹弓。以簹徒郎反，竹也竹為之〔二〕。筋膠之制，一如角弓，惟揭箭不甚力。

黎弓。海南黎人所用，長弰木弓也。以藤為弦，箭長三尺，無羽，鏃長五寸，如茨菰葉。以無羽，故射不遠，三四丈，然中者必死。

蠻弩。諸峒猺及西南諸蕃，其造作略同，以硬木為弓，樁甚短，似中國獵人射生弩，但差大耳。

猺人弩。又名編架弩。無箭槽，編架而射也〔三〕。

藥箭。化外諸蠻所用。弩雖小弱，而以毒箭濡箭鋒，中者立死。藥以蛇毒草為之。

蠻甲。惟大理國最工。甲冑皆用象皮，胸、背各一大片，如龜殼，堅厚與鐵等。又聯綴小皮片，為披髆、護項之屬，製如中國鐵甲，葉皆朱之。兜鍪及甲身内外，悉朱地間黄黑漆，作百花蟲獸之文，如世所用犀毗器，極工妙。又以小白貝纍纍絡甲縫，及裝兜鍪，疑猶傳古貝冑朱綬遺製云。

黎兜鍪。海南黎人所用，以藤織為之。

雲南刀。即大理所作。鐵青，黑沉沉，不錔。南人最貴之。以象皮為鞘，朱之，上亦畫犀毗花文。一鞘兩室，各函一刀。靶以皮條纏束，貴人以金銀絲。

峒刀。兩江州峒及諸外蠻無不帶刀者，一鞘二刀，與雲南同，但以黑漆雜皮為鞘。

黎刀。海南黎人所作。刀長不過一二尺，靶乃三四寸，織細藤纏束之。靶端插臼角片尺許，如鴟鴞尾，以為飾。

蠻鞍。西南諸蕃所作。不用韉，但空垂兩木鐙。鐙之狀，刻如小龕，藏足指其中，恐入榛棘傷足也。後鞦鏇木為大錢〔四〕，纍纍貫數百，狀如中國騾驢鞦。

蠻鞭。刻木節節如竹根，朱墨間漆之，長纔四五寸，首小，有鐵環，貫二皮條，以策馬。

花腔腰鼓。出臨桂職田鄉。其土特宜鼓腔，村人專作窰燒之，細畫紅花紋以為飾〔五〕。

銅鼓。古蠻人所用，南邊土中時有掘得者，相傳為馬伏波所遺。其製如坐墪而空其下〔六〕。滿鼓皆細花紋，極工緻。四角有小蟾蜍，兩人舁行，以手拊之，其聲全似鞞鼓。

銃鼓。猺人樂。狀如腰鼓，腔長倍之。上銳下侈，亦以皮鞔植於地，坐拊之。

盧沙。猺人樂。狀類簫，縱八管，橫一管貫之。

葫蘆笙。兩江峒中樂。

藤合。屈藤盤繞，成柈合狀，漆固護之。出藤、梧等郡。

雞毛筆。嶺外亦有兔，然極少。俗不能為兔毫筆，率用雞毛，其鋒踉蹡不聽使。

練子。出兩江州峒。大略似苧布。有花紋者謂之花練，土人亦自貴重。

緂。亦出兩江州峒。如中國綫羅，上有偏地小方勝紋。

蠻氈。出西南諸蕃，以大理為最。蠻人晝披夜卧，無貴賤，人有一番。

黎幕。出海南黎峒。黎人得中國錦綵，拆取色絲，間木棉，挑織而成。每以四幅聯成一幕。

黎單。亦黎人所織。青紅間道，木棉布也。桂林人悉買以為卧具。

檳榔合。南人既喜食檳榔，其法，用石灰或蜆灰并扶留藤同咀則不澁。士人家至以銀錫作小合，如銀錠樣，中為三室，一貯灰，一貯藤，一貯檳榔。

鼻飲杯。南邊人習鼻飲，有陶器如杯碗，旁植一小管，若瓶嘴，以鼻就管吸酒漿，暑月以飲水，云：「水自鼻入，咽快不可言。」邕州人已如此，記之以發覽者一胡盧也。

牛角杯。海旁人截牛角令平，以飲酒，亦古兕觥遺意。

蠻椀。以木刻，朱黑間漆之，侈腹而有足，如敦瓿之形。

竹釜。猺人所用。截大竹筒以當鐺鼎，食物熟而竹不熠，蓋物理自爾，非異也。

戲面。桂林人以木刻人面，窮極工巧，一枚或值萬錢。

校勘記

〔一〕亦邊鎮之所宜知者　鮑本「鎮」作「瑣」。周本「邊鎮」作「備邊」，盧改「邊備」。宛本作「邊備」。

〔二〕竹弓以籛竹為之　宛本、庫本、鮑本「籛」作「熏」。

〔三〕無箭槽編架而射也　「箭槽」原作「槽箭」，今據宛本、庫本、鮑本改。

〔四〕鏇木為大錢　「鏇」原作「鏃」，今據宛本、庫本、鮑本改。

〔五〕細畫紅花紋以為飾　宛本、庫本、鮑本「細」作「油」。

〔六〕其製如坐墊而空其下　宛本、庫本、鮑本「墊」作「墩」。

宋黄震黄氏日鈔卷六十七本節節文

志器，所志皆蠻人軍器也。又牛角硯、雞毛筆、羽扇、竹釜。

志禽

南方多珍禽，非君子所問。又予以法禁采捕甚急，故不能多識。偶於人家見之，及有異聞者，録以備博物。

孔雀。生高山喬木之上，人探其雛，育之。喜卧沙中，以沙自浴，拍拍甚適。雄者尾長數尺，生三年，尾始長。歲一脱尾，夏秋復生。羽不可近目，損人。飼以猪腸及生菜，惟不食菘。

鸚鵡。近海郡尤多。民或以鸚鵡為鮓，又以孔雀為腊，皆以其易得故也。此二事，載籍所未紀，自予始志之。南人養鸚鵡者云：「此物出炎方，稍北中冷，則發瘴噤戰，如人患寒熱，以柑子飼之則愈〔二〕，不然必死。」

白鸚鵡。大如小鵝〔三〕，亦能言。羽毛玉雪，以手撫之，有粉黏着指掌，如蛺蝶翅。

烏鳳。如喜鵲，色紺碧，頸毛類雄雞鬃，頭有冠，尾垂二弱骨，各長一尺四五寸。其杪始有毛羽一簇，冠、尾絶異，大略如鳳。鳴聲清越，如笙簫然，度曲妙合宫商。

又能為百蟲之音〔三〕。生左、右江溪峒中，極難得。然書傳未之紀，當由人罕識云。

秦吉了。如鸜鵒，紺黑色，丹咮黄距，目下連頂有深黄文，頂毛有縫，如人分髮。能人言，比鸚鵡尤慧。大抵鸚鵡聲如兒女，吉了聲則如丈夫。出邕州溪峒中。唐書：「林邑出結遼鳥。」林邑，今占城，去邕、欽州，但隔交趾，疑即吉了也。

錦雞。又名金雞。形如小雉，湖南、北亦有之。

山鳳凰。狀如鶖雁，嘴如鳳，巢兩江深林中。伏卵時，雄者以木枝雜桃膠封其雌於巢，獨留一竅，雄飛求食以飼之。子成，即發封；不成，則窒竅殺之。此亦異物，然未之見也。

翻毛雞。翮翎皆翻生，彎彎向外，尤馴狎，不散逸。二廣皆有。

長鳴雞。高大過常雞，鳴聲甚長，終日啼號不絶。生邕州溪峒中。

翡翠。出海南、邕、賀二州，亦有腊而賣之。

灰鶴。大如鶴，通身灰慘色〔四〕。去頂二寸許，毛始丹，及頸之半。亦能鳴舞。

鷓鴣。大如竹雞而差長。頭如鶉，身文亦然。惟臆前白點正圓如珠，人采食之。

水雀。蒼色，似鸜鵒。飛集庭户，翾翾然，與燕雀為伍。

校勘記

〔一〕以柑子飼之則愈　庫本「柑」前有「餘」字。
〔二〕白鸚鵡大如小鵝　庫本「鵝」作「鸚」；原校：一本作「鵝」。
〔三〕烏鳳……能為百蟲之音　盧校：歙之黄山有聲音鳥，與此相似。
〔四〕通身灰慘色　庫本「慘」作「漆」。

宋黄震黄氏日鈔卷六十七本節節文

孔雀、山鳳凰、鸚鵡，有紅白。
又，烏鳳、秦吉了、錦雞、翡翠。
又，靈鵲為人突巢穴，能禹步作法以去之。
翻毛雞、長鳴雞，皆雞之異者。

志獸

獸莫巨於象，莫有用於馬，皆南土所宜。予治馬政，頗補苴漏隙，其說累牘所不能載，姑著其略，及畜獸稍異者，并為一篇。

象。出交趾山谷，惟雄者有兩牙。佛書云「四牙」，又云「六牙」，今無有。

蠻馬。出西南諸蕃，多自毗那、自杞等國來。自杞取馬於大理，古南詔也。地連西戎，馬生尤蕃。

大理馬。為西南蕃之最。

果下馬。土產小駟也。以出德慶之瀧水者為最。高不逾三尺，駿者有兩脊骨，故又號雙脊馬。健而喜行〔一〕。

猨。有三種：金絲者，黄；玉面者，黑；純黑者，面亦黑。金絲、玉面皆難得。或云：純黑者雄，金絲者雌。又云：雄能嘯，雌不能也。猨性不耐著地，著地輒瀉以死。煎附子汁與之，即愈。

蠻犬。如獵狗，警而獰。

鬱林犬。出鬱林州，極高大，垂耳拳尾，與常犬異。

花羊。南中無白羊，多黄褐白斑，如黄牛；又有一種，深褐黑脊白斑，全似鹿。

乳羊。本出英州。其地出仙茅，羊食茅，舉體悉化為肪，不復有血肉。食之宜人。

綿羊。出邕州溪峒及諸蠻國，與朔方胡羊不異。

麝香。自邕州溪峒來者名土麝，氣臊烈，不及西蕃。

火狸。狸之類不一，邕別有一種，其毛色如金錢豹，但其錢差大耳。彼人云：歲久則化為豹，其文先似之矣。

風狸。狀如黄猨，食蜘蛛，晝則拳曲如蝟，遇風則飛行空中。其溺及乳汁主治大風疾，奇效。

獭婦〔三〕。如山猪而小，喜食禾。田夫以機軸織紝之器掛田所，則不復近。安平、七源等州有之。

山猪。即毫猪。身有棘刺，能振發以射人。三二百為羣，以害禾稼，州峒中甚苦之。

石鼠。專食山豆根，賓州人以其腹乾之，治咽喉疾，效如神，謂之石鼠肚。

香鼠。至小，僅如指擘大，穴於柱中，行地中，疾如激箭。

山獺。出宜州溪峒，俗傳為補助要藥。洞人云：「獺性淫毒，山中有此物，凡牝獸悉避去。獺無偶，抱木而枯。」

洞獠尤貴重，云能解藥箭毒，中箭者研其骨少許，傅治，立消。一枚直金一兩，人或求買，但得殺死者，功力甚劣。

校勘記

〔一〕健而喜行　盧校：「喜」疑作「善」。

〔二〕嬾婦　周本「嬾」作「獺」。

宋黄震黄氏日鈔卷六十七本節節文

象。出交趾象山。一軀之力皆在鼻。二廣亦有野象，盜酒害稼，目細，畏火。

欽州人以機捕之，皮可為甲，或條截為杖，甚堅。

馬。自杞國以錦一匹博大理三馬，金鐲一兩博二馬。行十三程至四城州，又六程，至邕州。又有羅殿國及謝蕃、羅孔諸部落，馬尤壯，行二十二程至四城州，與自杞等馬會，皆以十月來。經略司歲市千五百匹，尤駿者博金數十兩，官價有定數，不能致。大理去邕州横山寨才四十餘程，自杞人争利，不敢度自杞。而東别有一路，自善闡府經時磨道來〔一〕，甚捷。時磨人亦貪悍，不得達。

土産出德慶之瀧水者，名果下馬。高不逾三尺，而駿健能辛苦。以歲七月十五日會江上交易。湖南邵陽、營道等處，亦出一種低馬。

校勘記

〔一〕時磨道來　清乾隆刊本「時」作「特」。下同。

志蟲魚

蟲魚微物，外薄於海者，其類庸可既哉！録偶見聞者萬一。

珠。出合浦海中。有珠池，蜑户没水探蚌取之。歲有豐耗，多得謂之珠熟。相傳海底有處所，如城郭大，蚌居其中，有怪物守之，不可得。蚌之細碎蔓延於外者，始得而采。

硨磲。似大蚌，海人磨治其殼，為諸玩物。

蚺蛇。大者如柱，長稱之，其膽入藥。南人腊其皮，刮去鱗，以鞔鼓。蛇常出逐鹿食，寨兵善捕之。數輩滿頭插花，趨赴蛇。蛇喜花，必駐視，漸近，競拊其首，大呼紅娘子，蛇頭益俛不動，壯士大刀斷其首。衆悉奔散，遠伺之。有頃，蛇省覺，奮迅騰擲，傍小木盡拔，力竭乃斃。數十人舁之，一村飽其肉。

蝳蝐。形如黿鼉輩，背甲十三片，黑白斑文，相錯鱗差，以成一背。其邊裙闌缺，齧如鋸齒。無足，而有四鬣，前兩鬣長狀如楫，後兩鬣極短，其上皆有鱗甲，以四鬣棹水而行。海人養以鹽水，飼以小鮮。俗傳甲子、庚申日輒不食，謂之螭蝐齋日，其説甚俚。

蜈蚣，有極大者。

青螺。狀如田螺，其大兩拳。揩磨去粗皮，如翡翠色，雕琢為酒杯。

鸚鵡螺。狀如蝸牛殼。磨治出精采，亦雕為杯。

貝子。海旁皆有之。大者如拳，上有紫斑。小者指面大，白如玉。

石蟹。生海南，形真是蟹。云是海沫所化，理不可詰。又有石蝦，亦其類。

鬼蛺蝶。大如扇，四翅，好飛荔枝上。

黑蛺蝶。大如蝙蝠，橘蠹所化，北人或云玄武蟬。

嘉魚。狀如小鰣魚，多脂，味極腴美。出梧州火山。人以為鮓，以餉遠。

蝦魚。出灘水。肉白而豐，味似蝦而鬆美。

竹魚。出灘水。狀如青魚，味如鱖魚。南中魚品如鯉、鯽輩皆有之，而以蝦、竹二魚為珍。

天蝦。狀如大飛蟻。秋社後，有風雨，則羣墮水中，有小翅。人候其墮，掠取之為鮓。

宋黃震黃氏日鈔卷六十七本節節文

珠。有池在合浦海中孤島下，名斷望池。去岸數十里，望島如一拳。池深可十丈，四周如城郭。蚌細零溢生城郭外者〔一〕，乃可採。歲有豐耗，多得謂之珠熟。蜑人没水采蚌，每以長繩繫竹籃攜之以没，或遇惡魚海怪則死。

貝子。大者如拳，紫斑。小者指面大，白如玉。世既不尚，人亦稀採。

嘉魚。出梧州火山下丙穴。如小鰣魚，多脂，煎不假油。蜀中丙穴亦出，肥美相似。

石蟹、石蝦。云海沫所化。

硨磲。大蚌之屬，殼可為荷葉杯。

瑇瑁。背甲十三片，無足而有四鬣，皆花紋。飼以小鮮。甲子、庚申輒不食，俗謂之瑇瑁齋。

蚺蛇。大如柱。逐麞鹿田中。南人插花呼妭音大，姊也〔二〕，或呼紅娘子以誘之。花置蛇首，蛇俛不動，則殺之。

校勘記

〔一〕蚌　清乾隆刊本作「蠘」。

〔二〕妖　疑應作「妖」。

志花

桂林具有諸草花木，牡丹、芍藥、桃、杏之屬，但培溉不力，存形似而已。今著其土産獨宜者，凡北州所有，皆不録。

上元紅。深紅色，絶似紅木瓜花，不結實。以燈夕前後開，故得名。

白鶴花。如白鶴，立春開。

南山茶。葩萼大倍中州者，色微淡，葉柔薄有毛。别自有一種，如中州所出者。

紅荳蔻花。叢生，葉瘦如碧蘆。春末發。初開花，先抽一幹，有大籜包之，籜拆花見。一穗數十蕊，淡紅，鮮妍如桃、杏花色[二]。蕊重則下垂如葡萄，又如火齊纓絡及剪綵鸞枝之狀。此花無實，不與草荳蔻同種。每蕊心有兩瓣相并，詞人託興如「比目」「連理」云。

泡花。南人或名柚花。春末開，蕊圓白如大珠，既拆則似茶花。氣極清芳。與茉莉、素馨相逼。番人采以蒸香，風味超勝。

紅蕉花。葉瘦，類蘆、箬，心中抽條。條端發花，葉數層，日拆一兩葉。葉色正紅，如榴花、荔枝。其端各有一點鮮緑，尤可愛。春夏開，至歲寒猶芳。又有一種，根出土處，特肥飽如膽瓶，名膽瓶蕉。

枸那花。葉瘦長，略似楊柳。夏開淡紅花，一朵數十萼，至秋深猶有之。

史君子花。蔓生，作架植之。夏開，一簇一二十葩，輕盈似海棠。

水西花。葉如萱草，花黄，夏開。

裹梅花。即木槿。有紅、白二種，葉似蜀葵。采紅者連葉包裹黄梅，鹽漬，曝乾，以薦酒，故名。

玉脩花。粉紅色，四季開。

象蹄花。如梔子而葉小，夏開，至秋深。

素馨花。比番禺所出為少，當由風土差宜故也〔二〕。

茉莉花。亦少，如番禺。以淅米漿水日溉之，則作花不絶，可耐一夏。花亦大，且多葉，倍常花。六月六日，又以治魚腥水一溉，益佳。

石榴花。南中一種，四季常開。夏中既實之後，秋深忽又大發。花且實，枝頭碩果罅裂，而其旁紅英燦然。并花實拆飣盤筵，極可玩。

添色芙蓉花。晨開，正白，午後微紅，夜深紅。歐陽公牡丹譜有「添色紅」者，與此意同。此花枝條經冬不枯，有高出屋者。江、浙間必宿根重茁，蜀種亦爾〔三〕。

側金盞。花如小黄葵，葉似槿，歲暮開，與梅同時。

校勘記

〔一〕杏花色　庫本無「杏」字。

〔二〕當由風土差宜故也　庫本「宜」作「寒」。

〔三〕添色芙蓉花云云五十六字　原作「添色芙蓉花晨開正白午後微紅夜深紅」，凡十六字；所脱四十字，據永樂大典卷五百四十蓉字韻引虞衡志補。

宋黄震黄氏日鈔卷六十七本節節文

泡花。采以蒸香。法以佳沉香薄劈，着净器中，鋪半開花，與香層層相間，密封之，日一易，不待花蔫，花過香成。番禺人吴興作心字香、瓊香，用素馨、末利，法亦然。大抵泡取其氣，未嘗炊焮。江、浙作木犀降真香，蒸湯上，非法也。

曼陀羅花。漫生原野，大葉白花，實如茄，遍生小刺。盜採花末之，置人飲食中，即昏醉。土人又以為小兒去積藥。昭州公庫取一枝挂庫中，飲者易醉。

志果

世傳南果以子名者百二十，半是山野間草木實，猿狙之所甘，人强名以為果，故予不能盡識。録其識可食者五十七種〔一〕。

荔枝。自湖南界入桂林，才百餘里，便有之，亦未甚多。昭平出檦核、臨賀出緑色者尤勝。自此而南，諸郡皆有之，悉不宜乾，肉薄味淺，不及閩中所産。

龍眼。南州悉有之，極大者出邕州，圍如當二錢，但肉薄，不能遠過常品，為可恨。

饅頭柑。近蒂起如饅頭尖者味香勝，可埒永嘉乳柑。

金橘。出營道者為天下冠，出江、浙者皮甘肉酸，不逮也。

綿李。味甘美，勝常品。擘之兩片開，如離核桃。

石栗。圓如彈子，每顆有梗抱附之，類杓柄。肉黄白甘韌，似巴攬子。仁附肉，有白靨，不可食，發病。北人或呼為海胡桃。

龍荔殻〔二〕。如小荔枝，肉味如龍眼，木身，葉亦似二果，故名。可蒸食〔三〕，不可生啖，令人發癎，或見鬼物。三月開小白花，與荔枝同時。

木竹子。皮色形狀，全似大枇杷，肉甘美，秋冬間實。

冬桃。狀如棗，深碧而光〔四〕，軟爛甘酸，春夏熟。

羅望子。殼長數寸，如肥皂，又如刀豆，色正丹，内有二三實，煨食甘美。

人面子。如大梅李，核如人面，兩目鼻口皆具，肉甘酸，宜蜜煎。

烏欖。如橄欖，青黑色，肉爛而甘。

方欖。亦如橄欖，三角或四角，出兩江州峒。

椰子。木身，葉悉類棕櫚、桄榔之屬。子生葉間，一穗數枚，枚大如五升器。果之大者，謂唯此與波羅蜜相等耳。皮中子殼可為器，子中瓤白如玉，味美如牛乳。瓤中酒，新者極清芳，久則渾濁，不堪飲。

蕉子。芭蕉極大者，凌冬不凋，腹中抽幹，長數尺，節節有花，花褪葉根有實。去皮取肉，軟爛如緑柿，極甘冷，四季實。土人或以飼小兒，云性涼去客熱。以梅汁漬，暴乾，按令楄音批，味甘酸，有微霜。世謂芭蕉乾者是也。又名牛蕉子〔五〕。亦四季實。

雞蕉子。小如牛蕉子，亦四季實。

茅蕉子〔六〕。小如雞蕉，尤香嫩甘美，初秋實。

紅鹽草果。取生草荳蔻，入梅汁，鹽漬，令色紅，暴乾，以薦酒。

鸜哥舌。即紅鹽草，果之珍者。實始結，即擷取，紅鹽乾之，纔如小舌。

八角茴香。北人得之以薦酒，少許，咀嚼甚芳香。出左、右江州峒中。

餘甘子。多販入北州，人皆識之。其木可以製器。

五棱子。形甚詭異，瓣五出，如田家碌碡狀。味酸，久嚼微甘，閩中謂之羊桃。

黎朦子。如大梅，復似小橘，味極酸。

波羅蜜。大如冬瓜，外膚磈砢，如佛髻。削其皮食之，味極甘。子、練悉如冬瓜〔七〕，生大木上，秋熟。

柚子。南州名臭柚，大如瓜，人亦食之。皮甚厚，打碑者捲皮蘸墨，以代氈刷，宜墨而不損紙，極便於用。此法可傳，但北州無許大柚耳。

櫓罟子。大如半升碗。諦視之，數十房攢聚成球，每房有縫。冬生青，至夏紅，破其瓣食之，微甘。

槎擦子。如錐栗，肉甘而微澀。

地蠶。生土中，如小蠶，又似甘露子。
赤柚子。如橄欖，皮青肉赤。以下并春實。
火炭子。如烏李。
山韶子。色紅，肉如荔枝。以下八種并夏實。
山龍眼。色青，肉如龍眼。
菩提子。色黃，如石榴〔八〕。
木賴子。如淡黃大李。
粘子。如指面大，褐色。
羅晃子。如橄欖，其皮七重。
千歲子〔九〕，如青黃李，味甘。
赤棗子。如酸棗，味酸。
藤韶子。大如凫卵柿。以下十三種并秋實。
古米子。殼黃，中有肉如米粒。
殼子。如青梅，味甘。

䕺核子〔一〇〕。生白藤上，如小蒲桃。

木連子。如胡桃，紫色。

蘿蒙子。黄大如橙柚。

毛栗。如橡栗。

特乃子。狀似榧而圓長端正。

不納子。似黄熟小梅，絶易爛，爛即皮肉腐。核可為念珠，似菩提子。

羊矢子。色狀金似羊矢，味亦不佳。

日頭子〔一一〕。狀如櫻桃，色如蒲桃，穗生。

秋風子。色狀俱似楝子。

黄皮子。如小棗。

朱圓子。正圓深紅，狀似苦楝子。以下六種皆冬實。

匾桃。大如桃而匾，色正青。

粉骨子。皮黄，色如粉〔一二〕。

塔骨子。匾，如大橘，皮裹空虛〔一三〕。

布衲子。似李而黄。

黄肚子。如小石榴。

校勘記

〔一〕予不能盡識録其識可食者五十七種　盧校：「其識」之「識」衍。「五十七」原作「五十五」，據庫本改。

〔二〕龍荔殼　庫本「荔」作「枝」；原校：一作「荔」。

〔三〕可蒸食　庫本「可」上有「核」字。

〔四〕冬桃狀如棗深碧而光　庫本「而光」作「如玉」。

〔五〕牛蕉子　宛本、鮑本作「牛子蕉」。

〔六〕茅蕉子　宛本、庫本、鮑本「茅」作「芽」。

〔七〕子練悉如冬瓜　庫本「練」作「瓤」。

〔八〕菩提子色黄如石榴　宛本、鮑本「菩提」作「部諦」；庫本作「部蹄」。鮑本「石」上有「火」字，宛本、庫本「火」作「大」。

〔九〕千歲子　庫本「歲」作「里」；原校：一作「歲」。

〔一〇〕藤核子　宛本、庫本、鮑本「藤」作「藤」。

〔一一〕日頭子　庫本「頭」作「豆」。

〔一二〕色如粉　庫本「色」作「肉」。

〔一三〕皮裏空虚　宛本、鮑本「裏」作「裹」。

宋黄震黄氏日鈔卷六十七本節節文

餘甘子。風味過橄欖，雖腐爛，猶堅脆。

地蠶。生土中，似甘露子而不尖，以薦酒。

志草木

異草瑰木〔一〕，多生窮山荒野，其不中醫和、匠石者，人亦不采，故予所識者少；惟竹品乃多桀異，併附於録。

桂。南方奇木，上藥也。桂林以桂名，地實不産，而出於賓、宜州。凡木葉心，皆一縱理，獨桂有兩紋，形如圭，製字者意或出此。葉味辛甘，與皮無别，而加芳美。人喜咀嚼之。

榕。易生之木，又易高大，可覆數畝者甚多。根出半身，附幹而下，以入土，故有「榕木倒生根」之語。禽鳥銜其子，寄生他木上，便蔚茂。根下至地，得土氣，久則過其所寄。

沙木。與杉同類，尤高大，葉尖成叢穗，小與杉異。

桄榔木。身直如杉，又如棕櫚，有節似大竹，一幹挺上，高數丈，開花數十穗，緑色。

息櫑木〔二〕。生兩江州峒，堅實，漬鹽水中，百年不腐。

燕脂木。堅緻，色如臙脂，可鏃作〔三〕。出融州及州峒，桂林屬縣亦有之。

雞桐。葉如楝，其葉煮湯，療足膝疾。

龍骨木。色翠青，狀如枯骨。

風膏藥。葉如冬青，治太陽疼，頭目昏眩。

南漆。如稀飴，氣如松脂，霑霑無力。

簜竹。葉大且密〔四〕，略如蘆葦。

澀竹。膚粗澀，如木工所用沙紙，可以錯磨爪甲。

人面竹。節密而凸，宛如人面，人采以為拄杖。

釣絲竹〔五〕。類簜竹，枝極柔弱。

斑竹。中有疊暈，江、浙間斑竹，直一沁痕〔六〕，無暈也。

猫頭竹。質性類篩竹。

桃枝竹。多生石上，葉如小棕櫚，人以大者為杖。

竻盧得反竹。刺竹也。芒棘森然。

箣竹。山中悉有。

宿根茄。茄本不凋，明年結實。

銅鼓草〔七〕。其實如瓜，治瘡瘍毒。

大蒿〔八〕。容、梧道中久無霜雪處年深滋長。大者可作屋柱，小亦中肩輿之扛。

石髮。出海上，纖長如絲縷。

匾菜。細如荇帶，匾如薤菜，長一二尺。

都管草〔九〕。一莖六葉，辟蜈蚣、蛇。

花藤。鏇以為器用，心有花紋。

胡蔓藤。毒草也，揉其草漬之水，入口即死。

校勘記

〔一〕異草瑰木　庫本「瑰」作「怪」。

〔二〕息橰木　宛本、庫本、鮑本「息」作「思」。

〔三〕可鏇作　盧校：「作」後增「器」字。

〔四〕簩竹葉大且密　周校「且」作「具」，謂「且」字譌。

〔五〕釣絲竹　「釣」原作「約」，據庫本、鮑本改。

〔六〕直一沁痕　宛本、庫本、鮑本「沁」作「淚」。
〔七〕銅鼓草　庫本「草」作「竹」；原校：一作「草」。
〔八〕大蒿　庫本「蒿」作「菘」。
〔九〕都管草　庫本「草」作「竹」；原校：一作「草」。

宋黄震黄氏日鈔卷六十七本節節文

桂。南方奇木，上藥。出賓、宜州。花如海棠，淡而葩小，實如小橡子。取花未放者乾之。五年可剥。以桂枝、肉桂、桂心為三等。桂枝質薄而味輕，肉桂質厚而味重。桂心則剥厚桂，以利竹卷曲，取貼木多液處，如經帶〔一〕，味尤烈。凡木葉心皆一縱理，獨桂有兩紋，製字者意或出此。葉味辛甘，人喜咀嚼。桂之所草木不蕃。

榕。易高大，葉如槐，蔭樾可數畝。根生半身，附幹而下壠，壠抱持以入土，故有「倒生根」之説。禽鳥銜其子寄生他木，根鬚沿木自垂下，得土氣則過所寄。

桫木。杉類，尤高大，葉尖成叢穗，小與杉異。猺峒劈板博易，舟下廣東。

粗淡。

修仁茶。修江，静江府縣名。製片二寸許，上有「供神仙」三字者，上也。大片，

檳榔。生黎峒。上春取為軟檳榔，夏秋採幹為米檳榔，小而尖為雞心檳榔。扁者為大腹子。悉能下氣〔二〕，鹽漬為鹽檳榔。瓊管取其征，居歲計之半，廣州亦數萬緡。自閩至廣，以蜆灰蔞葉嚼之，先吐赤水如血，而後嚥其餘汁。廣州加丁香、桂花、三賴子，為香藥檳榔。

桄榔。虚心，刳以承漏。外堅，可為弩箭。

烏婪木。宜柂，第一。出欽州。

吉貝。如小桑，花似芙蓉，葺為席〔三〕。

澀竹。可磨以為甲。

人面竹。可為拄杖。

斑竹。有疊暈，本出全州之清湘，桂林亦有之。

都管草。辟蜈蚣、蛇。

蛆草。辟蚊、蠅。

校勘記

〔一〕經帶　乾隆本「帶」作「常」。

〔二〕悉能下氣　乾隆本「悉」作「仁」。

〔三〕葺為席　乾隆本「席」作「纊」。

雜志

嶺南風土之異，宜録以備博聞，而不可以部居，謂之雜志。

雪。南州多無雪霜，草木皆不改柯易葉，獨桂林歲歲得雪，或臘中三白，然終不及北州之多。靈川、興安之間，兩山蹲踞，中容一馬，謂之嚴關。朔雪至關輒止，大盛則度關至桂林城下，不復南矣。北城舊有樓曰「雪觀」，所以誇南州也[一]。

風。廣東南海旁有颶風，西路稍北州縣悉無之。獨桂林多風，秋冬大甚，拔木飛瓦，晝夜不息。俗傳：朝作一日止，暮七日，夜半即彌旬。去海猶千餘里，非颶也。土人自不知其説。予試論之，桂林地勢，視長沙、番禺千丈之上，高而多風，理固然也。

癸水。桂林有古記，父老傳誦之，略曰：「癸水繞東城，永不見刀兵。」癸水，灕江也。

瘴。二廣惟桂林無之，自是而南，皆瘴鄉矣。瘴者，山嵐水毒，與草莽沴氣，鬱勃蒸薰之所為也。其中人如瘧狀，治法雖多，常以附子為急須，不換金、正氣散為通用。邕州兩江，水土尤惡，一歲無時無瘴，春曰青草瘴，夏曰黄梅瘴，六七月曰新禾瘴，八九月曰黄茅瘴。土人以黄茅瘴為尤毒。

桂嶺。舊不知的實所在。城北五里，有尋丈小坡，立石其上，刻曰桂嶺。賀州自有桂嶺縣，相傳始名，嶺在其地〔三〕。今小坡非也。

俗字。邊遠俗陋，牒訴券約專用土俗書，桂林諸邑皆然。今姑記臨桂數字，雖甚鄙野，而偏傍亦有依附。

䆈音矮，不長也。

閪音穩，坐於門中，穩也。

𡙡亦音穩，大坐，亦穩也。

仦音嫋，小兒也。

奀音動，人瘦弱也。

歪音終，人亡絶也。

𡘙音臘，不能舉足也。

奀音大，女大及姊也。

硿音勘，山石之巖窟也。

閅音攎，門横關也。

他不能悉記。予閲訟牒二年，習見之。

大理國。間有文書至，南邊及商人持其國佛經，題識猶有「圀」字者。「圀」，武后所作國字也。唐書稱大禮國，其國止用理字。

捲伴。南州法度疏略，婚姻多不正。村落强暴，竊人妻女以逃，轉移他所，安居自若，謂之捲伴，言捲以為伴侣也。已而復為後人捲去，至有歷數捲未已者。其舅姑若前夫訪知所在，詣官自陳，官為追究。往往所謂前夫，亦是捲伴得之，復為後人所捲。惟其親父母兄弟及初娶者所訴，即歸始初被捲之家。

草子。即寒熱時疫。南中吏卒小民，不問病源，但頭痛體不佳，便謂之草子。不服藥，使人以小錐刺唇及舌尖出血，謂之挑草子。實無加損於病，必服藥乃愈。

南人占法，以雄雞雛，執其兩足，焚香禱所占，撲雞殺之。拔兩股骨，净洗，線束之。以竹筳插束處，使兩骨相背於筳端，執竹再祝。左骨為儂。儂，我也。右骨為人，人所占事也。視兩骨之側所有細竅，以細竹筳長寸餘徧插之，斜直偏正，各隨竅之自然，以定吉凶。法有十八變，大抵直而正或近骨者多吉，曲而斜或遠骨者多凶。亦有用雞卵卜者。握卵以卜，書墨於殼，記其四維，煮熟横截，視當墨處，辨殼中白之厚薄，以定儂人吉凶〔三〕。

校勘記

〔一〕北城舊有樓曰雪觀所以誇南州也　此二句原脱，據清仇兆鰲杜少陵詩詳注卷九引黄鶴注補。

〔二〕相傳始名嶺在其地　庫本作「相傳始安嶺在其地」，鮑本作「相傳名始安嶺在其地」。

〔三〕南人占法云云　此則原脱，據資治通鑑卷二十一元封二年胡三省注引文補。

宋黄震黄氏日鈔卷六十七本節節文

雪。獨桂林有之。自桂林而南至海北，人不識雪。或言數十年前嘗雪，歲乃大災。蓋地氣常燠，植物柔脆，忽得雪，悉僵死。

風。桂林獨多。去海千餘里，非颶也。湘、灕二水，皆出靈川之海陽，行百里，分南北而下。北曰湘，下二千里至長沙，水始緩。南曰灕，過三百六十灘，又千二百里，至番禺入海。桂林獨當湘、灕之脊，在長沙、番禺千丈之上，雲物之表，高而多風，理故然也。

秦城。始皇發戍五嶺之地。

靈渠。在桂州興安縣。湘水北下湖南。又融江，牂牁下流也，南下廣西。二水遠不相謀。史禄於沙磕中壘石作鏵嘴，派湘之流，而注之融，激行六十里，置斗門三十六。舟入一斗，則復閘一斗，使水積漸進，故能循崖而上，建瓴而下。治水巧妙，無如靈渠者。

朝宗渠。浚之，則有人登科。

銅柱。馬伏波立交趾國中。人過柱下輒培石，遂成丘陵。馬總為安南都護，夷、獠為建二銅柱。又，唐何履光定南詔，復立伏波銅柱，則在大理。

瘴。乃炎方之地脈疏而氣泄，人為常燠所暵，膚理脈絡嘽舒不密，又數十里無木陰、井泉、逆旅、醫藥，其病又不必皆瘴之為也。石湖正夏堂記極論之。

僧道。無度牒而有妻子者，皆是。

月禾。無月不種。

土丁。制如禁軍。

保丁。隸保正。平儂賊後所結，今困私役。

寨丁。沿溪洞所結。

洞丁。溪洞之民也。

鼻飲。但可飲水。

捲伴。嫁娶不由禮，竊誘之名。

挑生〔一〕。妖術。以魚肉害人。在胸鬲，則服升麻吐之。在腰腹，鬱金下之。李壽翁侍郎為雷州推官，鞫獄得此方。

蠱毒。人家無纖埃者是。

校勘記

〔一〕挑生　乾隆本作「桃生」。

志蠻

廣西經略使，所領二十五郡，其外則西南諸蠻。蠻之區落，不可悉記。姑即其聲聞相接、帥司常有事於其地者數種，曰羈縻州洞，曰猺，曰獠，曰蠻〔一〕，曰黎，曰蜑，通謂之蠻。

一

羈縻州洞。隸邕州左右江者為多。舊有四道儂氏，謂安平、武勒、忠浪〔二〕、七源四州，皆儂姓。又有四道黄氏，謂安德、歸樂、露城、田州四州，皆黄姓。又有武侯、延衆、石門、感德四鎮之民，自唐以來内附，分析其種落，大者為州，小者為縣，又小者為洞。

國朝開拓寖廣，州、縣、洞五十餘所，推其雄長者為首領，籍其民為壯丁。其人物獷悍，風俗荒怪，不可盡以中國教法繩治，姑羈縻之而已。有知州、權州、監州、知縣、知洞，其次有同發遣、權發遣之屬，謂之主户。餘民皆稱提陀，猶言百姓也。其田計口給民，不得典賣，惟自開荒者由己，謂之祖業口分田。知州別得養印田，猶圭田也。權州以下無印記者，得蔭免田。既各服屬其民，又以攻剽山獠及博買嫁娶所得生口〔三〕，男女相配，給田使耕，教以武技，世世隸屬，謂之家奴，亦曰家丁。民户强壯可教勸者，謂之田子、田丁，亦曰馬前牌，總謂之洞丁。今黄姓尚多，而儂姓絶少，智高亂後，儂氏善良，許從國姓，今多姓趙氏。有舉洞純一姓者，婚姻不以為嫌。酋豪或娶數妻，皆曰媚娘。

宜州管下亦有羈縻州縣十餘所，其法制尤疏，幾似化外。其尤者曰南丹州，待之又與他州洞不同，特命其首領莫氏曰刺史，月支鹽料及守臣供給錢。其説以謂：宜州徼外，即唐黄家賊之地〔四〕，崇建南丹，使控制之。莫氏家人亦有時相攻奪。今刺史莫延葚逐其弟延廪而自立，延廪奔朝廷，謂之出宋。凡州洞歸朝者，皆稱出宋。

元馬端臨文獻通考卷三百三十四裔七所引本段文字之一

儂智高反，朝廷討平之，因其疆域，參唐制，分析其種落，大者為州，小者為縣，又小者為洞，凡五十餘所。

推其長雄者首領，籍其民為壯丁。以藩籬內部，障防外蠻，緩急追集備禦，制如官軍。其酋皆世襲，今隸諸寨，總隸於提舉。左江四寨，二提舉。右江四寨，一提舉。寨官，民官也。知寨、主簿各一員，掌諸洞財賦。左江屯永平、太平，右江屯横山，掌諸洞烟火民丁，以官兵盡護之。大抵人物獷悍，風俗荒怪，不可盡以中國教法繩治，姑羈縻之而已。

有知州、權州、監州、知縣、知洞，皆命於安撫若監司，給文帖朱記。其次有同發遣、權發遣之屬，謂之官典，各命於其州。

每村團又推一人為長，謂之主户。餘民皆稱提陀，猶言百姓也。洞丁有爭，各訟諸酋，酋不能決；若酋自爭，則訟諸寨或提舉，又不能決，訟諸邕管，次至帥司而止。皇祐以前，知州補授，不過都知兵馬使，僅比徽校。智高之亂，洞人立功，始有補班行者。諸洞知州不敢坐其上，視朝廷爵命，尚知尊敬。元豐以後，漸任中州官。近歲洞酋，多寄籍内地，納粟補授，無非大小使臣。或敢詣闕陳獻利害，至借補閣職與帥守抗禮。其為招馬官者，尤與州縣相狎。子弟有入邕州應舉者，招致游士，多設耳目，州縣文移未下，已先知之。輿騎居室服用，皆擬公侯，如安平州之李棫，田州之黄諧，皆有强兵矣。

民田計口給民，不得典賣，惟自開荒者由己，謂之祖業口分田。知州別得養印田，猶圭田也。權州以下，無印記者，得蔭免田。

既各服屬其民，又以攻剽山獠及博買嫁娶所得生口，男女相配，給田使耕，教以武技，世世隸屬，謂之家奴，亦曰家丁。强壯可教勒者，謂之田子甲，亦曰馬前牌。皆青布巾，跣足。總謂之洞丁。舊一州多不過五六百人，今有以千計者。元豐中嘗籍其數十餘萬，老弱不與。此籍久不修矣。

洞丁往往勁捷，能辛苦，穿皮履，上下山不頓。其械器有桶子甲、長槍、手標、偏刀、遏鐣牌、山弩、竹箭、桄榔箭之屬。其相仇殺，彼此布陳，各張兩翼，以相包裹。人多翼長者勝，無他奇。

民居苦茅，為兩重棚，謂之麻欄，上以自處，下畜牛豕。棚上編竹為棧，但有一牛皮為裀席。牛豕之穢，升聞棧罅，習慣之；亦以其地多虎狼，不爾則人畜俱不安。深廣民居，亦多如此。

洞人生理尤苟簡。冬編鵝毛木綿，夏緝蕉竹麻紵為衣，摶飯掬水以食。家具藏土窖，以備寇掠。土產生金、銀、銅、鉛、緑、丹砂、翠羽、洞緂、練布、茴香、草果諸藥，各逐其利，不困乏。

今黄姓尚多，而儂姓絶少，蓋智商亂後，儂氏善良，許從國姓，故今多姓趙氏。舉洞純一姓者，婚姻自若。

酋豪或娶數妻，皆曰媚娘。洞官之家，婚嫁以粗豪汰侈相高，聘送禮儀，多至千擔，少亦半之。婿來就親，女家於五里外結草屋百餘間與居，謂之入寮。兩家各以鼓樂迎男女至寮，女婢妾百餘，婿僮僕至數百。

成禮之夕，兩家各盛兵為備，小有言則兵刃相接。成婚後，婿常抽刃，妻之婢妾迕意即手殺之。自入寮能多殺婢，則妻黨畏之；否則謂之懦。半年而後歸夫家。

人遠出而歸者，止於三十里外。家遣巫提竹籃迓，脱歸人帖身衣貯之籃，以前導還家。言為行人收魂歸也。

親始死，被髮持瓶罋，慟哭水濱，擲銅錢、紙錢於水，汲歸浴尸，謂之買水。否則鄰里以為不孝。

此州、縣雖曰羈縻，然皆耕作省地，歲輸税米於官。始時國家規模宏遠，以民官治理之，兵官鎮壓之，以諸洞財力養官軍，以民丁備招集驅使，上下相維，有臂指之勢。洞酋雖號為知州、縣，多服皂白布袍，類里正、户長。參寨官皆横挺，自稱某州防遏盗賊。大抵見知寨，如里正之於長官，奉提舉如卒伍之於主將，視邕管如朝廷，望經略帥府則如神明。號令風靡，保障隱然。

比年不然。諸洞不供租賦，故無糧以養提舉之兵。提舉兵力單弱，故威令不行。寨官非惟惰不舉職，且日走洞官之門，握手為市。提舉官亦不復威重，與之交關通賄。其間有自愛稍欲振舉，諸洞必共污染之，使以罪去，甚則酖焉。原其始，皆邊吏冒法徇利致然，此弊固未易悉數也。

故事：安撫經略初開幕府，頒鹽、綵遍犒首領，以公文下教，謂之「委曲」。大略使固守邊界，存恤壯丁云。邕州守臣，舊不輕付。屯卒將五千人，京師遣人作司大兵城，邊備甚飭。比來邕州經費匱缺，觸事廢弛，但存羸卒數百人。城壁器械，頹壞不修。安撫都監司事體朘弱，州洞桀黠無所忌，至掠省民客旅，縛賣於交趾諸蠻。又招收省民不逞及配隸亡命者以益。田子甲反隱然平視安撫都監司，此非持久計。慶曆廣源之變，為鑒豈遠哉！

元馬端臨文獻通考卷三百三十一四裔八所引本段文字之二

南丹在宜州西境。地產奇材異藥，惡獸毒虺。其人慓悍，以勁木為弩，聚毒傅矢，中人立死。

宜之高峰寨，古觀州也，與南丹接境，地勢極高。南丹對境亦高，二壘矢可相及。南丹日通市於高峰，少不如意，則怨毒思亂。其酋莫氏，國朝命為刺史，月支鹽料及守臣供給錢百五十千。比內部，自號莫大王。間入宜州，則禮之以列郡，來已數十年矣。

其說以為，宜州徼外西原、黃洞、武陽郡小蠻，即唐黃家賊之地，崇建［南］丹，使控制之。然莫氏家人亦時自相攻剽，今刺史莫延葚逐其弟延廪而自立，延廪奔朝廷，謂之出宋。凡州洞歸朝，皆稱出宋。鄰永樂州玉氏與為仇，歲相攻。乾道丁亥，與玉氏戰敗，告急於帥司，帥司遣官為和解。永樂益淬勵，有勝兵萬人，志滅莫氏。延葚乃益驕，不奉法，至私刻經略安撫司及宜州溪洞司印，效帥守花書行移，以嚇諸蕃落。

己丑歲，自言州去產馬蠻不遠，願與國買馬，乞於宜州置場。意欲藉朝廷任使，威制永樂。邊將常恭與交通，至為代作奏章至闕下，不經由帥司。樞密院是其說，差官置司宜州。

余論奏：宜州密邇內地，無故通道諸蠻，且開邊隙，不敢奉詔。且自行在所捕得常恭，因而劾奏其事。朝廷大悟，削籍竄之九江，永不放還。

外有省民冒法，商販入南丹受其帖牒至內地幹事者，多桂之興安人。余亦物色得其渠，送獄論如法。南丹稍讋。

元馬端臨文獻通考卷三百三十一四裔八所引本段文字之三

安化州最鷙悍，在宜州西境。官月給生料鹽以撫之，猶日侵省地以耕，民不敢與爭，州亦不敢禁。

頃有淩、羅二將者，建炎間嘗率峒兵出勤王。賊曹成入廣西，建大旗，購二人。二人遣健兵侏儒者數十輩，截髮為牧童，候成兵過，自牛背彍弩以毒矢射之，中者立死，成鷩俱遁去。時盜滿四方，廣西獨宴然者，二將之力也。至今南人稱之。子孫有任於州縣者。

二

傜。本五溪盤瓠之後。其壤接廣右者，靜江之興安、義寧、古縣，融州之融水、懷遠縣界皆有之。生深山重溪中，椎髻跣足，不供征役，各以其遠近為伍。

元馬端臨文獻通考卷三百二十八四裔五所引本段文字

傜。本盤瓠之後。其地山溪高深，介於巴、蜀、湖廣間，綿亘數千里。椎髻跣足，衣斑斕布褐。名爲傜，而實不供征役。

各自以遠近爲伍，以木葉覆屋，種禾、黍、粟、豆、山芋，雜以爲糧，截竹筒而炊，暇則獵食山獸以續食。嶺蹬險阨，負戴者悉着背上，繩繫於額，傴而趨。

俗喜仇殺，猜忍輕死。又能忍飢行鬭，左腰長刀，右負大弩，手長槍，上下山險若飛。兒始能行，燒鐵石烙其跟蹠，使頑木不仁，故能履棘茨根枿而不傷。兒始生，秤之以鐵如其重，漬之毒水。兒長大，煅其鋼以製刀，終身用之。試刀必斬牛，傾刃牛項下，以肩負刀，一負即殊者良刀也。

弩名偏架弩。隨跳躍中，以一足蹶張，背手傅矢，往往命中。鎗名掉鎗。長二丈餘，徒以護弩，不恃以取勝。戰則一弩一鎗，相將而前。執鎗者前却不常，以衛弩。執弩者口銜刀，而手射人。敵或冒刃逼之，鎗無所施，弩人釋弩，取口中刀，奮擊以救。度險整其行列，退去必有伏弩。土軍弓手輩與之角技藝，争地利，往往不能决勝也。

歲首，祭盤瓠。雜揉魚肉酒飯於木槽，扣槽羣號為禮。

十月朔日，各以聚落祭都貝大王。男女各成列。連袂相攜而舞，謂之「踏傜」。意相得，則男咿嗚躍之女羣，負所愛去，遂為夫婦，不由父母。其無配者，俟來歲再會。女二年無所向，父母或欲殺之，以其為人所棄云。

樂有盧沙、銃鼓、胡盧笙、竹笛之屬。其合樂時，衆音竟鬩，擊竹筩以為節，團圞、跳躍、叫咏以相之。

歲暮，羣操樂入省地州縣，扣人門乞錢米酒炙，如儺然。

傜之屬桂林者，興安、靈川、臨桂、義寧、古縣諸邑，皆迫近山傜。最强者曰羅曼傜、麻園傜。其餘如黄沙、甲石、嶺屯、褒江、贈脚、黄村、赤水、藍思、巾江、竦江、定花、冷石、白面、黄意、大利、小平、灘頭、丹江、閃江等傜，不可勝數。

山谷間稻田無幾，天少雨，稑種不收，無所得食，則四出犯省地，求斗升以免死。久乃玩狎，雖豐歲，猶剽掠。

沿邊省民與傜犬牙者，風聲氣習，及筋力技藝略相當，或與通婚姻，結怨仇，往往為傜鄉導，而分鹵獲。傜既自識徑路，遂數數侵軼，邊民遂不能誰何。攻害田廬，剽穀粟牛畜，無歲無之。踉蹡篁竹，飄忽往來，州縣覺知，則已趠入巢穴。官軍不可入，但分屯路口。山多蹊，不可以遍防，加久成勞費。

又，傜人常以山貨、沙板、滑石之屬，竊與省民博鹽米。山田易旱乾，若一切閉截，無所得食，且冒死突出，為害滋烈。沿邊省民，因與交關，或侵負之，與締仇怨，則又私出相仇殺。

余既得其所以然，乾道九年夏，遣吏經理之。悉罷官軍，專用邊民，籍其可用者七千餘人，分為五十團，立之長、副，階級相制，毋得與傜通。為之器械、教習，使可悍小寇，不待報官。傜犯一團，諸團鳴鼓應之。

次告諭近傜，亦視省民相團結，毋得犯法，則通其博易之路。不然，絶之。彼見邊民已結，形格勢禁，不可輕犯，幸得通博買，有鹽米之利，皆歡然聽命。最後擇勇敢吏，將桑江歸順五十二傜頭首，深入生徑、羅曼等洞尤狠戾素不賓化者，亦以近傜利害諭之，悉從。

乃為置博易場二。一在義寧，一在融州之榮溪。天子誕節，首領得赴屬縣與犒宴。諸傜大悦，伍籍遂定，保障隱然。萬一遠傜弗率，必須先破近傜。近獠欲動，亦須先勝邊團，始能越至城郭，然亦難矣。

既數月，諸傜團長袁臺等數十人詣經略司謁謝。悉紫袍，巾裹横梃。犒以銀碗、彩絁、鹽、酒，勞遣之。又各以誓狀來。其略云：

某等既充山職，今當鈐束男姪。男行持捧，女行把麻，任從出入，不得生事者。上有太陽，下有地宿。其翻背者，生兒成驢，生女成猪，舉家滅絶。不得翻面説好，背面説惡。不得偷寒送暖。上山同路，下水同船。男兒帶刀同一邊，一點一齊，同殺盜賊。不用此款者，并依山例。

山例者，誅殺也。蠻語鄙陋，不欲没其實，略志於此。

余承乏帥事二年，諸傜無一迹及省地，遂具以條約上聞，詔許遵守行之。

三

獠。在右江溪洞之外，俗謂之山獠。依山林而居，無酋長、版籍，蠻之荒忽無常者也。以射生、食動而活，蟲豸能蠕動者均取食。無年甲姓名，一村中惟有事力者曰郎火，餘但稱火。舊傳其類有飛頭、鑿齒、鼻飲、白衫、花面、赤褌之屬二十一種。今在右江西南一帶甚多〔五〕，殆百餘種也。

元馬端臨文獻通考卷三百二十八四裔五所引本段文字

獠。依山林而居，無酋長、版籍，蠻之荒忽無常者也。以射生、食動為活，蟲豸能蠕動者皆取食。無年甲姓名，一村中推有事力者曰郎火，餘但稱火。

歲首，以土杯十二貯水，隨辰位布列，郎火禱焉，乃集衆往觀。若寅有水而卯涸，則知正月雨，二月旱，自以不差。

諸蕃歲賣馬於官，道其境，必要取貨及鹽、牛，否則梗馬路。官亦以鹽、綵和謝之。其稍稍漸有名稱曰上下者，則入蠻類。

舊傳獠有飛頭、鑿齒、鼻飲、白衫、花面、赤裩之屬二十一種。今右江西南一帶甚多，殆百餘種。

唐房千里異物志言：「獠婦生子即出。夫憊卧如乳婦，不謹則病，其妻乃無苦。」

唐志言：「飛頭獠者，頭欲飛，周項有痕如縷，妻、子共守之。及夜如病，頭忽亡。比旦還。又有烏武獠，地多瘴毒，中者不能飲藥，故自鑿齒。」

四

蠻。南方曰蠻。今郡縣之外，羈縻州洞，雖故皆蠻，地猶近省，民供稅役，故不以蠻命之。過羈縻〔六〕，則謂之化外，真蠻矣。

區落連亘，接於西戎，種類殊詭，不可勝記，今志其近桂林者。

宜州有西南蕃、大小張、大小王、龍、石、滕、謝諸蕃。地與牂牁接。人椎髻、跣足，或著木履，衣青花斑布，以射獵仇殺為事。

又，南連邕州南江之外者，羅殿、自杞等，以國名。羅孔、特磨、白衣、九道等，以道名〔七〕。而峨州以西，别有酋長，無所統屬者：蘇綺、羅坐、夜面、計利、流求、萬壽、多嶺、阿悮等蠻，謂之生蠻。酋自謂太保。大抵與山獠相似，但有首領耳。羅殿等處，乃成聚落，亦有文書，公文稱守羅殿國王。

其外又有大蠻落，西曰大理，東曰交趾。大理，南詔國也。交趾，古交州，治龍編，又爲安南都護府。

元馬端臨文獻通考卷三百二十八四裔五所引本段文字之一

蠻。南方曰蠻，亦曰西南蕃。今郡縣之外，羈縻州洞，雖故皆蠻，地猶近省，民供税役，故不以蠻命之。過羈縻，則謂之化外，真蠻矣。區落連亘湖、廣，接於西戎，種類殊詭，不可勝計。此等前世蓋嘗内附，建黔南帥府於融州以統之。今融帥已罷，一切化外也。

融在傜洞之南，蕃蠻之東。蕃蠻時出州縣城郭，以蜜蠟、草香等貿易。每歲聖節，亦有出赴燕設者。其稱大小張、大小王、龍、石、謄、謝等，謂之西南蕃。地與牂牁接。人椎髻、跣足，或著木履，衣青花斑布。以射獵仇殺爲事，持木牌、標槍、木弩、藥劍相鈔掠。

而峨州以西，又有羅坐、夜回、計利、流求、萬壽、多嶺、阿悮等蠻，謂之蠻酋。

酋自謂太保。大抵與山獠相似，惟有首領耳。其人椎髻，以白紙繫之，云尚與諸葛武侯制服也。

西南蕃俗，大抵介別。男夫甚剛，妻女甚潔。夫婦異居，妻所居，深藏不見人，夫過其妻，掛劍於門而後入。或期於深山，不褻穢其居，謂否則鬼神禍之。此諸蠻皆未嘗為害，故其事亦不能詳知。

又有漢蠻者。十年前，大理馬至橫山，此蠻亦附以來。衣服與中國略同，能通華言，自云本諸葛武侯戍兵。聞其種人絶少。按三國志初無留戍事，唐史有西屠夷，乃馬伏波兵留不去者。初止十户，隋末至三百户，皆姓馬，號馬留人，與林邑分唐境。疑漢蠻即此類。

其南連邕州、南江之外稍有名稱者：羅殿、自杞，以國名；羅孔、特磨、白衣、九道等，以道名。此皆成聚落，地皆近南詔。

羅在融、宜之西，邕之西北。唐會昌中，封其帥為羅殿王，世襲爵，歲以馬至橫山互市。亦有移至邕，稱守羅。國王羅吕。

押馬者，稱西南謝蕃知武州節度使都大照會羅殿國文字。按唐史，東謝蠻居黔州西。謝氏世酋長，部落尊畏之。然則謝蕃蓋羅殿之巨室，又知其地近牂牁。

自杞本小蠻，尤兇狡嗜利，其賣馬於橫山，少拂意即拔刃向人，亦嘗有所殺傷，邕管亦殺數蠻以相當，事乃已。今其國王曰阿巳，生三歲而立。其臣阿謝柄國，善撫其衆，諸蠻比多附之，至有精騎萬計。阿巳年十七，阿謝乃歸國政，阿巳猶舉國以聽之。

諸蠻之至邕管賣馬者，風聲氣習，大抵略同。

其人多深目長身，黑面白牙，以錦纏椎髻，短褐徒跣，戴笠荷氈，珥刷牙，金環約臂，背長刀，腰弩箭菔，腋下佩皮篋，胸至腰駢束麻索，以便乘馬。取馬於羣，但持長繩走前，擲馬首絡之，一投必中。刀長三尺，甚利，出自大理者尤奇。

性好潔，數人共飯，一柈中植一匕，置杯水其旁，少長共匕而食。探匕於水，鈔飯一哺放，摶之柈，令圓净，始加之匕上，躍以入口，蓋不欲污匕妨他人。

每飯極少，飲酒亦止一杯，數咽始能盡，蓋腰腹束於繩故也。食鹽、礬、胡椒，不食毚肉。食已必刷齒，故常皓然。甚惡穢氣，野次有穢，必坎而覆之。邕人每以此制其忿戾，投以穢器，輒躍馬驚走。

元馬端臨文獻通考卷三百三十四裔七所引本段文字之二

今安南國，地接漢九真、日南諸郡，及唐驩、愛等州。東南薄海，接占城。占城，林邑也。東，海路通欽、廉；西，出諸蠻；西北，通邕州：在邕州東南隅，去左江太平寨最近。自寨正南行，至桄榔、花步，渡富良、白藤兩江，四程可至。又自寨東南行，過丹特羅小江，自諒州入，六程可至。自右江温潤寨，則最遠。由欽州渡海，一日至。

歷代為郡縣，國朝遂在化外。丁氏、黎氏、李氏，代擅其地。

熙寧間，乾德初立，其大臣用事，嗾之叛。八年，遂入寇，陷邕、欽、廉三州。朝廷命郭逵等討之。賊驅象拒戰，官軍以大刀斬象鼻，象奔却，自蹂其徒，大兵乘之，賊潰，乘勝拔桄榔縣。知縣，交主之婿，逃伏草間，窺見王師獲賊擘食之，以為天神，歸報其主，曰：「苟可逃命，子孫勿犯大朝。」

大軍次富良江，去都護府四十里，殺僞太子，擒其大將。乾德大懼，奉表乞降。會北兵多病瘴，乃詔赦交趾，還其五州。朝廷以逵不能遂取交州，黜為武衛上將軍。是役也，調民夫八十七萬有奇，金、穀稱是，迄無駿功。

大率自端拱迄嘉祐以來，兩江州洞，數為蠻所侵軼，潛舉以外鄉，蘇茂、廣源、甲洞等處，入交趾者六十二村，故至今長雄諸蠻。

乾德死，子陽煥立。陽煥死，乾德有遺腹子，屬之占城，奉而立之。或云：有黎牟者，乾德妻黨也，嘗為李氏養子，殺遺腹子而立，冒姓李氏，名天祚。實紹興九年。其國人猶稱黎王。二十六年，遣使入貢，朝廷因以李氏官爵命之。天祚貎豐晳，今生三十九年矣。有兄嘗知諒州，謀奪其位。事覺，流雪河州，髡為浮屠。

凡與廣西帥司及邕州通訊問，用二黑漆板夾繫文書，刻字於板上，謂之木夾文書。稱安南都護府天祚，不列銜，而列其將佐數人，皆僭官稱。有云金紫光禄大夫、守中書侍郎、同判都護府者，其意似以都護府如州郡簽廳也。帥司邊州報其文書，亦用木夾。

桂林掌故有元祐、熙寧間所藏舊案，交人行移，與今正同。印文曰「南越國印」。近年乃更用中書門下之印。中國之治略荒遠，邊吏又憚生事，例置不問，由來非一日矣。

其國之官稱王，宗族稱天王班，凡族稱承嗣，餘稱支嗣。有内職、外職。内職治民，曰輔國太尉，猶宰相也。左右郎司空，左右郎相，左右諫議大夫，内侍員外郎，以上為内職。外職治兵，曰樞密使、金吾太尉、都領兵、領兵使，又有判及同判安南都護府，皆為外職。

仕者或科舉，或任子，或入貲。科舉最貴。工技、奴婢之子孫，不許應舉。入貲始為吏職，再入貲補承信郎，可累遷為知州。在官者無俸給，但付一方之民，俾得役屬耕漁以取利。

勝兵、卸龍、武勝、龍翼、蟬殿、光武、王階、捧日、保勝等，皆有左右。每軍止二百人，横刺字於額，曰「天子兵」。又有雄略、勇捷等九軍，充給使，如厢軍。兵士月一踐更，暇則耕種工藝自給。正月七日，人給錢三百，紬、絹、布各一匹，如紬綳，而蒙之以綿。月給禾十束。以元日犒軍，人得大禾飯一柈，魚鮓數枚。其地多占米，故以大禾為貴。

正月四日，酋椎牛饗其臣。七月五日為大節，人相慶遺。官僚以生口獻其酋，翌日，酋開宴酬之。

酋居樓四層，上以自居。第二層御宙居之，中人也。第三層箇利就居之，老鈴下之屬也。第四層軍士居之。又有水晶宮、天元殿等諸僭擬名字。門別有一樓，猶榜曰「安南都護府」。層皆朱漆，柱畫龍、鶴、仙女。

交人無貴賤，皆椎髻、跣足。酋平居亦然。但珥金簪，衣黄衫紫裙。餘皆服盤領四裙皁衫，不繫腰。衫下繫皁裙，珥銀鐵簪，曳皮履，執鶴羽扇，戴螺笠。皮履以皮為底，施小柱，以拇指夾之而行。扇編鶴羽，以辟蛇。螺笠，竹絲縷織，狀如田螺，最為工緻。婦人多哲，與男子絶異，好着緑寬袖直領，皆以皁裙束之。

酋出入以人挽車，貴僚坐幅布上，掛大竹，兩夫舁之，名「抵鴉」。

歲時不供先，病不服藥，夜不燃燈。

上巳日，男女集會，為行列，結五色彩為球，歌而拋之，謂之「飛駝」。男女自成列，女受駝，男婚以定。

宫門有大鐘樓，民訴事即撞鐘。大辟或付仇家，使甘心。盗賊斮手足指，逃亡斷手足，謀叛者埋身土中，露其頭。旁植長竿，挽竹繫其髻，使其頸伸，利錨一劃之，其頭剡標竿杪。客死境外，鞭尸大駡，以為背國。

土産生金及銀、銅、朱砂、珠、貝、犀、象、翠羽、車渠、諸香及鹽、漆、吉貝之屬。果惟有甘橘、香圓、檳榔、扶留藤。新舊縣，隔一小江，皆出香。

新州故真臘地，侵得之。

不能造紙筆，求之省地。其人少通文墨，閩人附海舶往者，必厚遇之，因命之官，咨以决事。凡文移詭亂，多自游客出。相傳其祖公蘊，亦本閩人。

又，其國土人極少，半是省民。南州客旅，誘人作婢僕、擔夫，至州洞則縛而賣之，一人取黄金二兩。州洞轉賣入交趾，取黄金三兩。歲不下數百千人，有藝能者金倍之，知文書者又倍。面縛驅行，仰繫其首，俾不省來路。既出其國，各認買主，為奴終身，皆刺額上為四五字。婦人刺胸乳至肋。拘繫嚴酷，逃亡必殺。又有秀才、僧、道、伎術及配隸亡命，逃奔之者甚多。

不能鼓鑄泉貨，純用中國小銅錢，皆商旅泄而出者。按：掠賣婢奴，與士人游邊，及透漏錢寶出外界，三者法禁具在，今玩弊如此，蓋安撫、都監、沿邊溪洞司不得人，邊政頹靡，奸宄肆行所致，日滋月長未艾也。及邊吏多無財用植立，窮斗升瘠土，苟活待盡而已，何暇顧邊防國事者，宜痛心疾首焉。

然交人自熙寧敗降後，亦不復敢猖獗，南陲奠枕且百年。紹興十二年，妖人譚友諒竄入思浪州，詐稱奉使，諭下州洞，天祚大恐。已而帥司檄安南捕友諒，邕州又以僞官告身招之，友諒與歸順首領二十餘人，各奉其銅印、地圖、土物詣横山。知邕州趙願縛友諒，赴帥司斬之。首領悉送還安南，皆死。交阯安居，至今無議之者。

乾道八年春，上言願朝賀聖主登極。詔廣西經略司，貢使來者免至廷，方物受什一。其秋，復有詔下經略司，買馴象十，以備郊祀鹵簿。經略李德遠浩，用木夾事移交阯買之。鑾報不願賣，願以備貢。明年春，余至官，屢引前詔，却其貢。祀期寖近，朝命督象若星火。鑾復款塞：「六象及方物將至塞下，若不許貢，皆引歸，小蕃寧敢與朝廷為市！」余以其狀聞，且移書時相謂：「欲却其貢，并象勿須可也，祀以一純二精，寧乏此！」俄有金字牌下，差官押伴至闕。比及桂林，已秋末。以十象為賀登極綱，五象為進奉大禮綱，表字如蠅頭，僅可見。

其象飾禮物，則有金御乘象羅我，羅我如鞍架之狀，及金裝象牙、銷金象額、金銀裹象鈎連同心帶、金間銀裝象額、金銀裝朱纏象藤條、金鍍銅裝象脚鈴、裝象銅鐸、連鐵索、御乘象繡坐簟、裝象犛牛花朵、御乘象朱梯、御羅我同心龍頭帶等。餘物則有金銀鈔鑼、沉水香等。

大使稱中衛大夫尹子思，正使承議郎李邦正、副使忠翊郎阮文獻，其下有職員、書狀官、都衙、通引、知客、監綱、孔目、行首、押衙、教練、象公、長行、防授官之屬。

此等入朝，則稍更其服器。使者幞頭、靴笏、紅鞋、金帶、犀帶，每誇以金箱之。又以香膏沐髮如漆，裹細折烏紗巾，足加履襪。使者乘涼轎，釘鉸髹漆甚飭。蓋得至中國，盡變椎髻、徒跣、抵鴉之制。

先是紹興二十六年，嘗入貢，參知政事施公大任帥桂，循舊例以刺字報謁，且用行厨宴於其館。余悉罷之。

使者私謂衙校曰：「施參政惠顧厚，今奈何悉罷去？」余使人諭之，曰：「經略使司與安南都護府埒，經略使與南平王比肩，使者是都護府小官，才與桂林曹掾官比，法當廷參，不然不見也。」使者屈伏，遂廷參。

其歸也，至欲列拜，余使人掖之，曰：「免拜。」余奏其事，且著於籍，以為定制。

元馬端臨文獻通考卷三百二十三輿地九所引本段文字之三

余按交趾之名，其來最久。王制曰：「南方曰蠻，雕題交趾，有不火食者矣。」蓋涅其面額，至今猶然。

太史公書：「北至於幽陵，南至於交趾，西至於龍沙，東至於蟠木，日月所照，莫不砥屬。」言極南也。

漢武帝始置交趾郡，去洛陽萬一千里，歷代置守，今獨為蠻方。記曰：「南方曰蠻，雕題交趾，有不火食者矣。」記與「雕題」同言，則其人形必小異。

交州記云：「交趾之人，出南定縣，足骨無節，身有毛，卧者更扶始得起。」山海經亦言：「交脛國人交脛。」郭璞云：「脚脛曲戾相交，故謂之交趾。」今安南地，乃漢、唐郡縣，其人百骸，與華無異；愛州，唐姜公輔實生之，何嘗有交脛等説！

或傳：安南有播流山，環數百里，皆如鐵圍，不可攀躋，中有土田，惟一竅可入，而嘗自窒之，人物詭怪，不與外人通。疑此是古交趾也。必有能辯之者。

五

黎，海南四郡隖土蠻也〔八〕。島直雷州，由徐聞渡，半日至。島之中有黎母山，諸蠻環居四旁，號黎人。山極高。常在霧靄中，黎人自鮮識之。久晴，海氛清廓時，或見翠尖浮半空云。蠻皆椎髻、跣足，插銀、銅、錫釵，婦人加銅環，耳墜垂肩。女及笄，即鯨頬為細花紋，謂之繡面。女既鯨，集親客相慶賀。惟婢獲則不繡面。四郡之人多黎姓，蓋其裔族。而今黎人乃多姓王。

元馬端臨文獻通考卷三百三十一四裔八所引本段文字

黎，海南四郡島土蠻也。島直雷州，由徐聞渡，半日至。島之中有黎母山，諸蠻環居四傍，號黎人。内為生黎外為熟黎。山極高，常在霧靄中，黎人自鮮識之。久晴海氛清廓時，或見翠尖浮半空，下猶洪濛也。山水分流四郡。

熟黎所居已阻深，生黎之巢深邃，外人不復迹。黎母之巔，則雖生黎亦不能至。相傳其上有人，壽考逸樂，不與世接，虎豹守險，無路可攀，但覺水泉甘美絶異爾。

蠻去省地遠，不供賦役者名生黎，耕作省地供賦役者，名熟黎。各以所邇，分隸四郡。皆椎髻、跣足，插銀、銅、錫釵，腰繚花布，執長靶刀，長鞘弓，長荷槍，跬步不舍去。

熟黎能漢語，變服入州縣墟市，日晚鳴角結隊以歸。婦人繡面高髻，釵上加銅環，耳墜垂肩。衣裙皆五色吉貝，無褲襦，但繫裙數重，製四圍合縫，以足穿而繫之。羣浴於川，先去上衣自濯，乃濯足，漸升其裙至頂，以身串入水。浴已，則裙復自頂而下，身亦出水。

繡面乃其吉禮。女年將及笄，置酒會親屬女伴，自施針筆，涅為極細蟲蛾花卉，而以淡粟紋遍其餘地，謂之繡面女。婢獲則否。

女工紡織，得中國彩帛，拆取色絲，和吉貝織花，所謂黎錦、黎單及鞍搭之類，精粗有差。

居處架木兩重，上以自居，下以畜牧。婚姻折箭為定，集會亦椎鼓舞歌。親死不哭，不粥飯，惟食生牛肉，以為哀痛之至。葬則舁櫬而行，令一人前行，以雞子擲地，雞子不破處即為吉穴。

客來，未相識，主人先於隙間窺之，客儼然矜莊，始遣奴布席於地，客即坐。又移時，主人乃出，對坐，不交一談。少焉置酒，先以惡臭穢味嘗客，客食不疑，則喜。繼設中酒，遂相親。否則遣客，不復與交。

會飲未嘗捨刀，三杯後各請弛備，雖解器械，猶置身傍也。一語不相能，則起而相戕。

性喜仇殺，謂之「捉拗」。所親為人所殺，後見仇家人及其洞中種類，皆擒取以荔枝木械之，要牛、酒、銀瓶，乃釋，謂之「贖命」。

土産沉水、蓬萊諸香。漫山悉檳榔、椰子木，亦産小馬、翠羽、黄蠟之屬。與省地商人博易，甚有信，而不受欺紿。商人有信，則相與如至親，借貸有所不吝。歲望其一來，不來則數數念之。或負約不至，自一錢以上，雖數十年後，其同郡人擒之以為質，枷其項，關以横木，俟前負者來償，乃釋。負者或遠或死，無辜被繫，累歲月至死乃已。復伺其同郡人來，亦枷繫之。被繫家人往負債之家痛詬責償，或鄉黨率斂為償，始解。

凡負錢一緡，次年倍責兩緡，倍至十年乃止。本負一緡，十年為千緡，以故人不敢負其一錢。

客或誤殺其一雞，則鳴鼓告衆責償，曰：「某客殺我一雞，當償一鬭。」一鬭者，雌雄各一也。一雄為錢三十，一雌五十。一鬭每生十子，五為雄，五為雌，一年四産十雞，并種當為六鬭，六鬭當生六十雞，以此倍計，展轉十年乃已。誤殺其一雞，雖富商亦償不足。客其家，不敢損動其一毫。

閩商值風水，蕩去其貲，多入黎地耕種不歸。官吏及省民經由村洞，必舍其家，恃以安。熟黎之地，始是州縣，大抵四郡各占島之一陲。其中黎地不可得，亦無路通。珠崖在島南陲，既不可取徑，則復桴海循島而南，所謂再涉鯨波也。

四郡之人多黎姓，蓋其裔族，而今黎人乃多姓王。生黎質直獷悍，不受欺觸，不服王化，亦不出為人患。熟黎貪狡，湖、廣、福建之奸民亡命雜焉。侵軼省界，常為四郡患。

有王二娘者，瓊州熟黎之酋，有夫而名不聞。家饒財，善用衆，能制服羣黎。朝廷封宜人。瓊管有號令，必下王宜人，無不帖然。二娘死，女能繼之。其餘三郡，强名小壘，實不及江、浙間一村落。縣邑或為黎人據其廳事治所，遣人説謝始得還。前後邊吏，惴不敢言。

淳熙元年十月，指山生黎洞首王仲期率其傍人十洞丁口千八百二十歸化。仲期與諸洞首王仲文等八十一人詣瓊管司，瓊管司受之，以例詣顯應廟研石歃血，約誓改過，不復鈔掠，犒賜遣歸。瓊守圖其形狀衣製上經略司，髻露者以絳帛約髻根，或以綵帛包髻，或戴小花笠，皆簪二銀篦，或加雉尾，衣花織短衫，繫花襈裙，悉跣足，是其盛飾也。惟王居則青布紅錦袍束帶麻鞋，自云祖父宣和中嘗納土補官，賜錦袍云。

六

蜑。海上水居蠻也。以舟楫為家，采海物為生，且生食之。入水能視，合浦珠池蚌蛤，惟蜑能没水探取。旁人以繩繫其腰〔九〕，繩動摇則引而上。先煮毳衲極熱，出水急覆之，不然寒慄而死。或遇大魚、蛟、鼉諸海怪，為鬐鬣所觸，往往潰腹折支，人見血一縷浮水面，知蜑死矣。

宋黄震黄氏日鈔卷六十七本節節文

自交趾渡口水，即占城國，漢林邑也。其南浦有馬援銅柱山。東西皆大海，占城隔一水為真臘。又一水，曰登樓眉。此數國之西有大海，名細蘭，為交趾、大理、吐番之西境。南接大洋海，海口有細蘭國。其西有五天竺，極南有故臨國。又西則東大食海，海西則大食國。又西則西大食海，蕃商不通。南大洋海中諸國，以三佛齊為大，諸蕃寶貨之都會。三佛齊之東，則闍婆國。稍東北，則新羅國、高麗國。諸蕃之去中國，惟占城最近，大食最遠。至大食，必舟行一年。凡諸國，皆蠻而遞及者也。

蜑。乃海上水居之蠻，其種有三，漁蜑取魚，蠔蜑取蠔，木蜑伐山。皆坐死短蓬間〔一〇〕，生食海物。其生如浮，而各以疆界役於官。

校勘記

〔一〕曰蠻　此二字原脱，據庫本、鮑本補。

〔二〕忠浪　庫本「忠」作「思」；原校：一作「忠」。

〔三〕博買　庫本「博」作「轉」。

〔四〕宜州徼外即唐黄家賊之地　「賊」原作「賦」，據庫本、鮑本改。據新唐書南蠻列傳下，唐時西原蠻，居廣、容之南，邕、桂之西，有黄氏叛服不常。黄家賊指此。

〔五〕今在右江西南一帶甚多　「右」原脱，據庫本補。

〔六〕過羈縻　「過」原作「遇」，今據庫本改。

〔七〕羅孔特磨白衣九道等以道名　庫本「孔特」作「特孔」；原校：一作「孔特」。

〔八〕黎海南四郡隝土蠻也　庫本「隝」作「島」；原校：「島」一作「隝」。

〔九〕旁人以繩繫其腰　「旁」疑為「榜」之誤。榜，船槳，借指船。楚辭九章涉江：「齊吴榜以擊汰。」榜人，船工。

〔一〇〕皆坐死短蓬間　「坐」疑應作「生」。

附録

李石方舟集詩一首（節）

送范至能制置　虞衡備編載，至能作虞衡志，我亦願卜鄰。卷一。

李心傳建炎以來繫年要録引述文字一則

［紹興二十九年九月］癸卯。翰林學士周麟之爲大金奉表哀謝使。……麟之至金，金主亮喜其辨利，錫賚加厚，燕之二日。中貴人至館，密賜金瀾酒三鐏，……。（原注：「范成大桂海虞衡志載金瀾酒事云。金蘭，燕京山名，而麟之墓誌書所書，乃用此『瀾』字，當考。」）卷一百八十三。

陳振孫直齋書録解題一則

桂海虞衡志二卷　府帥吴郡范成大至能撰。范自桂移蜀，道中追記昔游。卷八。

趙希弁昭德先生郡齋讀書志附志一則

桂海虞衡志三卷　右范文穆公成大帥静江日志其風物土宜也，自為之序。卷五上。

周密齊東野語引述文字一則

［山獺］出宜州溪峒。峒人云：「獺性淫毒，山中有此物，凡牝獸悉避去。獺無偶，抱木而枯。峒獠尤貴重之。能解箭毒，中箭者，研其骨少許傅之，立消。一枚直金一兩。或得殺死者，功力劣。抱木枯死者，土人自稀得之。然今方術之士，售偽以愚世人者，類以鼠璞、猴胎為之，雖殺死者，亦未之見也。周子功嘗使大理，經南丹州，即此物

所産之地，其土人號之曰插翹。極為貴重，一枚直黄金數兩。私貨出界者，罪至死。方春時，傜女數千，歌嘯山谷，以尋藥挑菜為事。獺性淫，或聞婦人氣，必躍升其身，刺骨而入，牢不可脱，因扼殺而藏之。土人驗之之法，每令婦人摩手極熱，取置掌心，以氣呵之，即趯然而動，蓋為陰氣所感故耳。然其地亦不常有，或累數歲得其一，則其人立可致富，宜中州之多偽也。卷二十山獺治箭毒。

脱脱宋史二則

范成大虞衡志一卷 卷二百三，志第一百五十六藝文二傳記類。

范成大桂海虞衡志三卷 卷二百四，志第一百五十七藝文三地理類。

陳第世善堂藏書目録一則

桂海虞衡志二卷 范成大 卷上。

李時珍本草綱目引述文字二十三則

一

本草以辰砂為上，宜砂次之。然宜州出砂處，與湖北大牙山相連，北為辰砂，南為宜砂，地脈不殊，無甚分別，老者亦出白石牀上。卷九金部丹砂。

二

桂林接宜、融山洞穴中，鍾乳甚多，仰視石脈湧起處，即有乳牀，白如玉雪，石液融結成者，乳牀下垂，如倒數峰小山，峰端漸鋭且長，如冰柱，柱端輕薄中空如鵝翎，乳水滴瀝不已，且滴且凝，此乳之最精者，以竹管仰承取之，鍊治家又以鵝管之端尤輕明如雲母爪甲者為勝。同上石鍾乳。

三

石緑，銅之苗也，出廣西右江有銅處。生石中質如石者名石緑，一種脆爛如碎土者名泥緑，品最下。卷十金石部緑青。

四

廣西英州多仙茅，其羊食之，舉體悉化爲筋，不復有血肉，食之補人，名乳羊。卷十二草部仙茅。

點校者按：英州時屬廣南東路，簡稱廣東；云廣西偶誤。

五

廣西出之，一莖六葉。卷十三草部都管草。

六

紅荳蔻花，叢生。葉瘦如碧蘆，春末始發。初開花，抽一幹，有大籜包之。籜拆花見，一穗數十蕊，淡紅鮮妍，如桃、杏花色。蕊重則下垂如葡萄，又如火齊瓔珞及剪彩鸞枝之狀。每蕊有心兩瓣，人比之連理也。其子亦似草豆蔻。卷十四草部高良薑。

七

排草香，狀如白茅香，芳烈如麝香，人亦用以合香，諸香無及之者。又有麝香木，出古城，乃老朽樹心節，氣頗類麝。同上排草香。

八

南中芭蕉有數種，極大者凌冬不凋，中抽一條，長數尺，節節有花。花褪葉根有實，去皮取肉，軟爛如綠柹。味極甘冷，四季恒實，土人以飼小兒，云性涼去客熱，謂之蕉子。又名牛蕉子。以梅汁漬曝乾壓扁，味甘酸有微霜，名芭蕉乾。一種雞蕉子，小於牛蕉，亦四季實。一種芽蕉子，小於雞蕉，尤香嫩甘美，惟秋初結子。一種紅蕉，葉瘦類蘆箬，花色正紅，如榴花，日拆一兩葉。其端各有一點鮮綠尤可愛，春開，至秋盡猶芳，俗名美人蕉。一種膽瓶蕉，根出土時肥飽，狀如膽瓶也。卷十五草部甘蕉。

九

出廣西。其實如瓜，治瘍毒。卷二十一草部銅鼓草。

一〇

山龍眼，出廣中，色青，肉如龍眼，夏月實熟可噉。卷三十一果部龍眼。

一一

龍荔出嶺南，狀如小荔枝，而肉味如龍眼。其木之身葉亦似二果，故名龍荔。三月開小白花，與荔枝同時熟，不可生噉，但可蒸食。同上。

一二

廣南有山韶子，夏熟，色紅，肉如荔枝。又有藤韶子，秋熟，大如鳧卵柹。同上韶子。

一三

甘劍子。狀似巴欖子，仁附肉，有白靨，不可食，發人病，北人呼為海胡桃是也。卷三十三果部附録諸果。

一四

木竹子。皮色形狀全似大枇杷，肉味甘美，秋冬實熟。出廣西。同上。

一五

櫓罟子。大如半升碗，數十房攢聚成毬，每房色絳，冬生青，至夏紅。破其瓣食之，微甘。出廣西。同上。

一六

羅晃子。狀如橄欖，其皮七層。出廣西。同上。

一七

凡木葉心皆一縱理，獨桂有兩道如圭形，故字從圭。卷三十四木部桂。

一八

黎峒出者名土沈香，或曰崖香，雖薄如紙者，入水亦沈。萬安在島東，鍾朝陽之氣，故香尤藴藉，土人亦自難得。舶沈香多腥烈，尾烟必焦。交趾海北之香，來於欽州，謂之欽香，氣尤酷烈，南人不甚重之，惟以入藥。同上沈香。

一九

寨兵捕蚺蛇，滿頭插花，蛇即注視不動，乃逼而斷其首，待其騰擲力竭，乃斃。舁歸食之。卷四十三鱗部蚺蛇。

二〇

嘉魚狀如鱒而多脂，味極美，梧州人以為鮓餉遠。卷四十四鱗部嘉魚。

二一

玳瑁生海洋深處，狀如龜黿而殼稍長，背有甲十三片，黑白斑文相錯而成。其裙邊狀如鋸齒，無足而有四鬣，前長後短，皆有鱗，斑文如甲，海人養以鹽水，飼以小魚。卷四十五介部瑇瑁。

二二

鳥鳳出桂海左右兩江峒中，大如喜鵲，紺碧色，項毛似雄雞，頭上有冠，尾垂二弱骨，長一尺四五寸，至杪始有毛。其形略似鳳，音聲清越如笙簫，能度小曲合宫商，又能為百鳥之音，彼處亦自難得。卷四十九禽部附録烏鳳。

二一三

山獺，出廣之宜州嵠峒及南丹州，土人號為插翹。其性淫毒，山中有此物，凡牝獸皆避去。獺無偶則抱木而枯。猺女春時，成羣入山以采物為事。獺聞婦人氣，必躍來抱之，次骨而入，牢不可破，因扼殺之負歸，取其陰一枚，直金一兩。若得抱木死者尤奇貴。峒獠甚珍重之，私貨出界者罪至死。然本地亦不常有。方士多以鼠璞、猴胎僞之。試之之法，但令婦人摩手極熱，取置掌心，以氣呵之，即趯然而動，蓋陰氣所感也。卷五十一獸部山獺。

按：李時珍謂以上云云「出范石湖虞衡志、周草窗齊東野語中，而不載其形狀，亦缺文也」。李時珍所云齊東野語，在該書卷二十山獺治箭毒條，已收入附録。

錢曾述古堂藏書目一則

桂海虞衡志一卷抄 卷三别志。

四庫全書總目提要一則

桂海虞衡志一卷 兩江總督採進本。

宋范成大撰。乾道二年，成大由中書舍人出知静江府。淳熙二年，除敷文閣待制、四川制置使。是編乃由廣右入蜀之時道中追憶而作。自序謂凡所登臨之處，與風物土宜方志所未載者，萃為一書，蠻陬絶徼見聞可紀者，亦附著之，共十三篇，曰志巖洞、志金石、志香、志酒、志器、志禽、志獸、志蟲魚、志花、志果、志草木、雜志、志蠻，每篇各有小序，皆志其土之所有。惟志巖洞，僅去城七八里内嘗所游者。志金石，準本草之例，僅取方藥所須者。志蠻，僅録聲聞相接者，故他不備載。志香，多及海南，以世稱二廣出香，而不知廣東香自舶上來，廣右香産海北者皆凡品。志器，兼及外蠻兵甲之制，以為司邊鎮者所宜知，故不嫌旁涉。諸篇皆叙述簡雅，無夸飾土風、附會古事之習。其論辰砂、宜砂，地脈不殊，均生白石牀上，訂本草分别之譌。邕州出砂，融州實不出砂，證圖經同音之誤。零陵香，産宜、融諸州，非永州之零陵。唐書稱林邑出結遼鳥，即邕州之秦吉了。佛書稱象有四牙、六牙，其説不實。桂嶺在賀州，不在桂州〔二〕。亦頗有考證。成大石湖詩集，凡經歷之地，山川風土，多記以詩，其中第十四卷，自注皆桂林作，而詠花惟有紅豆蔻一首，詠果惟有盧橘一首，至詠游覽惟有棲霞洞一首、佛子巖一首，其見於詩注者，亦僅蠻茶、老酒、蚺蛇皮腰鼓、象皮兜鍪四事，不及他處之詳。疑以此志已具，故不更記以詩也。其盧橘一種，志果不載。觀其志花小序，稱北州所有，皆不録，或志果亦有此例。蠻茶一種，志草木中亦無之。考詩註，稱蠻茶出修仁，大治頭風，而志草木中有鳳膏藥，亦云葉如冬青，治太陽痛頭目昏眩，或一物二名耶！然檢文獻通考四裔考中引桂海虞衡志，幾盈一卷，皆志蠻之文，而此本悉不載。其餘諸門，檢永樂大典所引，亦多在此本之外。蓋原書本三卷，而此本併為一本，已刊削其大半，則諸物之或有或無，亦非盡原書之故矣。卷七十史部地理類雜記。

校勘記

〔一〕「桂」原作「廣」，據驂鸞録改。

檀萃文一篇（節）

虞衡志者，蓋合山虞、澤虞、林衡、川衡以為名，土訓之書也。范石湖帥廣右，居桂林，為桂海虞衡志。夫桂奚有海？其去大海尚隔安南、廣東，而以海名者，矜其陸海耳。……嘉慶己未六月，白石先生廢翁檀萃序於武昌黄鶴樓側，年七十五。滇海虞衡志自序。

黄丕烈蕘圃藏書題識一則

桂海虞衡志一卷溪蠻叢笑一卷鈔本　是書出東城顧氏，余藏之有年矣。近始為友人攜去，適小讀書堆亦有是書，其手寫如一，想當日録是書者非一本，故兩本如出一手也。乃小讀書堆既還之，而余本友人亦見還，兩本卒未一校，不知有歧異否也？己卯秋孟夏，復翁記。時末伏第七日。秋暑未退，甘雨久缺，農夫望澤矣。卷三史類二。

丁丙善本書室藏書志一則

桂海虞衡志一卷。明抄本。袁漱六藏書（此前略）原書凡三卷，不知何人併為一卷。卷首鈐翰林院印，且有館臣鉤勒之字，當為四庫發還兩江採進之本。有古潭州袁臥雪廬收藏白文方印。卷十二史部。

陸心源皕宋樓藏書志一則

桂海虞衡志一卷。明抄本。澹生堂舊藏，卷三十四。

沈德壽抱經樓藏書志一則

桂海虞衡志一卷。明刊本。吴郡范成大紀。卷二十八地理類五。

耿文光萬卷精華樓藏書記一則

桂海虞衡志一卷。宋范成大撰。（此前略）馬氏通考四裔類引此書志蠻。其文幾盈一卷，而今本無之。陸志載明抄本亦止一卷，恐亦非完書也。此書又刻入二十一種祕書，删削更甚。（下略）卷四十四地理類。

周星詒題跋一則

同治乙丑五月廿九日，以吴琯、鮑廷博二本校。星詒記。（下略）周星詒校抄本卷首。

增訂四庫簡明目録標注一則

桂海虞衡志一卷　宋范成大撰。原書三卷，此書僅存一卷，蓋明人所删。

按：書録解題云桂海虞衡志三卷，宋史藝文志云一卷。四庫總目提要謂：「原書本三卷，而此本并為一卷，已刊削其大半。」簡明目録更直謂：「蓋明人所删。」查文獻通考引本書志蠻羈縻州洞條云：「大抵人物獷悍，風俗荒怪，不可盡以中國教法繩治，姑羈縻之而已。有知州、權州、監州、知縣、知洞，皆命於安撫若監司，給文帖朱記。其次有同發遣、權發遣之屬，謂之官典，各命於其州。每村團又推一人為長，謂之主户。餘民皆稱提陀，猶言百姓也。」今本但作「……有知州、權州、監州、知縣、知洞，其次有同發遣、權發遣之屬，謂之主户，餘民皆稱提陀，猶言百姓也。」則自知州以下，權發遣以上，皆稱「主户」，與村團之長謂之「主户」者相混，官民不分。若是明人所删削，不應漏略謬妄如此。疑元、明間已殘缺不全，故刻書者因陋就簡，非因刊削所致也。

此書卷數，陳氏書録解題作三卷，為著録此書之始。陳氏為南宋人，得見此書原本。稍後，則馬氏文獻通考全據書録解題，亦作二卷。且其四裔考中，多載此書今本佚文，當亦曾見原書者，則作二卷是也。此書目録，自志巖洞至志草木，皆「志」字居前，而雜志則以其「不可以部居」，故以「雜」稱之，而「志」字居後。疑范書原本至此為上卷。雜志以下，另出志蠻，又「志」字居前，則為原書之下卷。其不以志蠻列入上卷，則因其與金石、草木諸物，本非一類；又沿正史之例，以蠻夷傳居於最後也。范氏自序中所謂「蠻陬絶徼，見聞可記」者，上卷當之。今據通考，將志蠻佚文補足，則上下兩卷篇幅亦正相當，益可證此書當為二卷矣。

桂海虞衡志著録情況，頗為紛亂。周必大所撰范公神道碑（見周益國文忠公集平園續稿卷二十二）稱此書一卷；晁公武昭德先生郡齋讀書志未著録，而趙希弁附志卷五則稱三卷；陳振孫直齋書録解題卷八又稱二卷，馬端臨文獻通考經籍考同，并全録其題識。至明抄本説郛於此書名下，小注作三卷，則前人見者或鮮，且亦非正式著録。宋史藝文志二作虞衡志一卷，藝文志三則作桂海虞衡志三卷，一書兩見，尤為參錯。四庫總目提要謂：「蓋原書三卷，而此本并為一卷，非盡原書之故。」云云，當即據宋史藝文志之文，而未詳其兩處所志卷數不同也。竊意此書原本雖有卷數之異，而内涵當無大差别。特今本散佚過多，遂只餘一卷。

若進而考之，則此書卷數，當其附於全集時（范公神道碑及直齋書録解題均著録石湖集一百三十六卷）或題一卷，而刻本單行則當作二卷，此據著録先後，詳審本書内容，可以推求而得者也。

吴船録

安順編

目録

點校説明

按照寫作時間，本書是范成大的第四種筆記。

本書的内容很豐富，為一些領域的歷史研究，提供了重要資料。

其一，最為突出的是宋太祖乾德二年（九六四）至開寶九年（九七六）間，僧人繼業等奉命到天竺（印度）求舍利及貝多葉書，繼業粗略地記下的這些年間所經歷的地方以及一些地方彼此間的距離。繼業等人這次長達十二年的宗教活動，不見於他書；繼業的有着原始性質的記録，自然不為世人所知。范成大敏鋭地意識到這些記録不可估量的價值，本着對歷史負責的精神，把它轉録下來，並收入本書。應該説，這是一件功德無量的事。這些記録，對於研究我國的宗教史、中外交通史，都是十分有意義的。現在就可以把它抽出來，利用文獻資料，進行詳盡、周到的考察和注釋，寫成一篇大文章。

其二，作者記下了青城山丈人觀真君殿四壁冠於西州的孫太古畫以及青城山長生觀中筆勢揮掃、雲煙飛動的孫太古畫，記下了大峨山牛心寺筆跡超妙的唐畫羅漢，記下了忠州酆都縣平都山仙都道觀中稱為奇筆的隋殿後壁十仙像，為我國繪畫史的研究提供了珍貴史料。作者在廬山記下的碑刻，往往不見於他書。

其三，作者在沿途還根據各個地方的特點，進行相當廣泛的考察。如過郫縣，郫縣有郫筒酒，就考察郫筒。過青城，考察繩橋。過眉山、嘉州、叙州，考察荔枝。但更多的是考察名勝，如崇德廟、伏龍觀、中巖、九頂山、凌雲大像、普賢大士銅像等。親身觀察了解與文獻資料並重，文字準確簡練，成為後代人從事上述有關内容研究時的必讀品。

其四，作者在本書中提到了杜甫詩，提到了黄庭堅詩文，作了獨到的解釋。作者還考察了黄庭堅的活動。作者的友人陸游在權守嘉州時作了月榭，劍南詩稿、渭南文集裏都没有提到。

其五，青城山的聖燈，大峨山的光相，都是大自然的奇觀，關於前者，作者作了簡明記叙；關於後者，作者作了十分生動、形象的描繪。這些記叙和描繪，有助於人們對這類現象的探討，從而作出科學的解釋。

其六，范成大離開成都，送行的人有的超過千里。並不因為范成大是方面大員，而要討好他、巴結他，而是由於氣類相投。南宋時期士大夫之間這種深厚情誼，直到今天，還令人感動、欽佩不已。作者在這方面所作的記述，有助於了解和研究長時間以來形成的南宋社會的士風。

本書現存的版本有：

一、明抄本。全稱石湖居士吴船録。二卷。九行，二十字，藍格白口，四周單邊。出吴興沈德壽抱經樓，今藏北京圖書館。此本六月丁丑紀事「仁宗」之「仁」字前空一格，七月戊戌遇「太宗」，另起，知源出宋本。有明顯誤字，亦偶有脱漏。抄録者字迹不甚佳。益足以證明實出宋本。

二、續百川學海本。收入己集。一卷。

三、裨乘本。乃節録。一卷。

四、寶顔堂祕笈本。收入廣集。二卷。

五、四庫全書本。有明顯誤字及脱漏之處，而且往往與明抄本相同。一般文字，亦略與明抄本同。疑出自明抄本。簡稱庫本。

審。

六、知不足齋叢書本。清鮑廷博據明嘉靖間盧襄石湖紀行三録本刊刻，校讎精審。

此外，筆記小説大觀亦收本書，入第八輯。

這次整理，以知不足齋本為底本，以明抄本為主要校本。鮑氏刊本書時，曾用他本進行校勘，今細加檢校，知其依據之本，即明抄本。庫本少數異文，亦有校勘價值，今亦用影印文淵閣庫本為校本。石湖居士詩集有關詩及涵芬樓節録本説郛亦檢出參校。説郛源出宋本或與宋本接近之本，其文字多處有獨到之處，自應予以重視。元馬端臨文獻通考卷三百三十八四裔十五天竺引本書近九百字，有很高校勘價值，亦用以校勘。文獻通考使用的是商務印書館影印十通本。宋黄震黄氏日鈔卷六十七有本書節文（往往夾以黄氏叙述），有重要參考價值。今全録其節文，次於正文之後。黄氏日鈔使用的是元刻明遞修本。

不妥之處，尚望讀者指正。

孔凡禮　一九九七年十二月

吴船録卷上

石湖居士以淳熙丁酉歲五月二十九日戊辰離成都。是日，泊舟小東郭合江亭下。合江者，岷江别派自永康離堆分入成都及彭、蜀諸郡合於此。以下新津，緑野平林，煙水清遠，極似江南。亭之上曰芳華樓，前後植梅甚多。故事：臘月賞梅於此。管界巡檢營在亭傍。每花開及三分，巡檢司具申一兩日開燕，監司預焉。蜀人入吴者，皆自此登舟。其西則萬里橋。諸葛孔明送費禕使吴，曰：「萬里之行，始於此。」後因以名橋。杜子美詩曰：「門泊東吴萬里船。」此橋正為吴人設。余在郡時，每出東郭，過此橋，輒為之慨然。東下五里，曰板橋灘，自蜀都下峽，灘之始也。

六月己巳朔。發孥累，舟下眉州彭山縣，泊。單騎轉城，過東、北兩門，又轉而西。自侍郎堤西行秦岷山道中〔一〕，流渠湯湯，聲震四野，新秧勃然鬱茂。前兩旬大旱，種幾不入土，臨行，連日得雨。道見田翁，欣然曰：「今歲又熟矣。」

五十里，至郫縣。觀者塞途，皆嚴裝盛飾，帟幕相望。蓋自來無制帥行此路者。

自是而西，州縣皆然。郫邑屋極盛，家家有流水脩竹，而楊氏之居為最。縣圃大竹萬个，流水貫之，濃翠欲滴。

未至縣二十里，有犀浦鎮，故犀浦縣。今廢，屬郫，猶為壯鎮。杜子美詩：「南京犀浦道，四月熟黄梅。湛湛長江去，冥冥細雨來。」蜀無梅雨，子美梅熟時經行，偶值雨耳。恐後人便指為梅雨，故辯之。唐玄宗幸蜀，嘗以成都為南京云。

郫筒。截大竹，長二尺以下，留一節為底，刻其外為花紋。上有蓋，以鐵為提梁，或朱或黑，或不漆，大率挈酒竹筒耳。華陽風俗記所載，乃刳竹傾釀，閉以藕絲蕉葉，信宿馨香達於外。然後斷取以獻，謂之郫筒酒。觀此，則是就竹林中為之，今無此酒法矣。

庚午。二十里，早頓安德鎮。四十里，至永康軍。一路江水分流入諸渠，皆雷轟雪卷，美田彌望，所謂岷山之下沃野者正在此。崇德廟在軍城西門外山上，秦太守李冰父子廟食處也。

辛未。登城西門樓。其下岷江。江自山中出，至此始盛壯。對江即岷山。岷山之最近者，曰青城山。其尤大者，曰大面山〔二〕。大面山之後，皆西戎山矣。西門名玉壘關。自門少轉，登浮雲亭，李蘩清叔守郡時所作。取杜子美詩「玉壘浮雲變古今」之句，登臨雄勝。

又登懷古亭，俯觀離堆。離堆者，李太守鑿崖中斷，分江水一派入永康以至彭、蜀，支流自郫以至成都。懷古對崖，有道觀曰伏龍，相傳李太守鎖孽龍於離堆之下。觀有孫太古畫李氏父子像。

出玉壘關，登山，謁崇德廟。新作廟前門樓，甚壯，下臨大江，名曰都江。江源政自西戎中來，由岷山澗壑出而會於此，故名都江。世云江出岷山者，自中國所見言之也。李太守疏江驅龍，有大功於西蜀。祠祭甚盛，歲刲羊五萬，民買一羊將以祭而偶産羔者，亦不敢留，併驅以享。廟前屠户數十百家，永康郡計至專仰羊税，甚矣其殺也。余作詩刻石以諷，冀神聽萬一感動云。

廟前近離堆，累石子作長汀以遏水，號象鼻，以形似名。西川夏旱，支江水涸，即遣使致禱，增堰壅水，以入支江，三四宿，水即徧，謂之攝水。余在成都，連歲遣郡丞馮備攝水祠下，皆如期而應，連得稔。既謁謝於廟，徜徉三樓而返。

將至青城，再度繩橋。每橋長百二十丈，分為五架，橋之廣十二繩排連之，上布竹笆，攢立大木數十於江沙中，甃石固其根，每數十木作一架，掛橋於半空，大風過之，掀舉幡然，大略如漁人曬網染家晾綵帛之狀。又須捨輿疾步，從容則震掉不可立。同行皆失色。郡人云：「稍迂數里，有白石渡，可以船濟，然極湍險也。」

五十里〔三〕，早頓羅漢院沿江行。山脚入青城界。道左右多幽居，流水淙琤，脩竹彌望。晚，漸入山。

三十里，至青城山。門曰寶仙九室洞天。夜宿丈人觀。觀在丈人峰下，五峰峻峙如屏，觀之臺殿，上至巖腹。丈人自唐以來，號五岳丈人儲福定命真君。傳記略云：「姓甯，名封。與黃帝同時，帝從之問龍蹻飛行之道。」本朝增崇祠典，與灊、廬皆有宮名，此獨號丈人觀。先是其徒以為言，余為請之朝。李燾仁父適為禮部侍郎，上議曰：

按：河圖括地象：岷山之精，上為井絡，帝以會昌，神以建福。注曰：「昌即慶也。」青城實岷山第一峰，會慶又符誕節之名。

乃賜名會慶建福宮。余將入山而敕書適至，乃作醮以祝聖謝恩。

真君殿前有大樓，曰玉華。翬飛輪奂，極土木之勝。殿四壁，孫太古畫黃帝而下三十二仙真，筆法超妙，氣格清逸。此壁冠於西州。兩廡古畫尚多，半已剥落，惟張果老、孫思邈二像無恙。

壬申。泊青城山。始生之辰也。今春病少城，幾殆，僅得更生，因來名山禳祭。夜，道士就殿前作步虚儀。方升壇，有大炬出殿後巖上，色洞赤，周旋山頂，有頃滅變。同遊者疾趨來觀，則無有矣。余默請於丈人，此燈正為僕出者，當復見，使諸人共觀之。語脱口，燈復出，分合眩轉，若經藏然。食頃乃没。觀人云：「從來此峰無燈，四年前曾一見。」

今日山後老人村耆耋婦子輩，聞余至此，皆扶攜來觀。村去此不遠，但過數繩橋。俗稱其村曰獠澤〔四〕，余以為不雅馴，更名老宅。近來鹽酪路通，壽亦減。

癸酉。自丈人觀西登山，五里至上清宫。在最高峰之頂，以板閣插石，作堂殿。下視丈人峰，直堵牆耳。岷山數百峰，悉在欄檻下，如翠浪起伏，勢皆東傾。一軒正對大面山，一上六十里，有夷坦曰芙蓉平。道人於彼種芎。非留旬日不可登，且涉入夷界，雖羽衣輩亦罕到。雪山三峰爛銀琢玉，闖出大面後。雪山在西域，去此不知幾千里，而了然見之〔五〕，則其峻極可知。上清之遊，真天下偉觀哉！

夜，有燈出。四山以千百數，謂之聖燈。聖燈所至多有，説者不能堅決。或云古人所藏丹藥之光，或謂草木之靈者有光，或又以謂龍神山鬼所作，其深信者則以為仙聖之所設化也。

甲戌。下山五里，復至丈人觀。二十里，早頓長生觀，范長生得道處也。有孫太古畫龍虎二君〔六〕，在殿外兩壁上。筆勢揮掃，雲烟飛動，蓋孫筆之尤奇者。殿壁又有孫畫味江龍一堵〔七〕。相傳孫欲畫龍而不知其真。有丈夫過，云：「君欲識真龍乎？」忽變而夭矯。孫諦視，畫得之。視稍久，一目遂眚，即此畫也。舊壁，宣和間取入京師。臨行，道士募名筆摹於新壁，今所存者摹本也。

晚，宿范氏莊園。

乙亥。十五里，發青城縣。同年雅州守何正仲子方來見，招遊其羣從園林。江水分流入縣，灘聲聒耳，以故人家悉有流渠脩竹，易成幽趣。

四十五里，晚宿蜀州城外聖佛院。

丙子。二十里，早頓周家莊。周氏三大第，皆高爽嚴潔。大抵沃野所在，二百年不見兵火。居民屋室如法，有承平氣象。

十里，至蜀州。郡圃内西湖極廣袤。荷花正盛，呼湖船汎之。繫纜古木脩竹間，景物甚野，為西州勝處。湖中多小菱，可食。蜀無菱，至此始見之〔八〕。郡守吴廣仲撤舊四相堂新之〔九〕，名曰熙春。余謂不若仍其舊。四相謂唐李絳、鍾紹京等，皆嘗為蜀州刺史者也。然但名四相，嫌限定數，乃為更名相業云。

丁丑。三十里，早頓江原縣。前館職張縯季長招至其曾祖所作善頌堂上〔一〇〕。季長之祖與司馬温公、范太史同朝相善也，論新法不合，歸。二公作善頌堂詩以送之，使歸壽其親。詩卷皆存壁，有趙清獻公宰邑時題字。

季長之族祖浩，藏仁宗御飛白書。山谷所跋者，其末句譽天地之高厚，贊日月之光華；「臣知其不能也」，今集中作「臣自知其不能也」。「自」字蓋後來所增，語意方全。山谷自稱「洪州分寧縣雙井里前史官臣黄庭堅」，蓋謫戎州時所跋。

四十里，宿新津縣。成都及此郡送客畢會。邑中借居，僦舍皆滿，縣人以為盛。成都萬里橋下之江與岷江正派合於此。

戊寅。為送客住一日。飲罷，發遣，令各歸，留者尚十五六。新津縣廨上雨傍風，無一席寬潔處。送客貪於相從，歡然竟日，忘其居之陋也。

己卯。大雨，不可登脩覺。脩覺者，新津縣對江一小山。上有絶勝亭，一望平野，可盡西川。杜子美所謂「西川供客眼，惟有此江郊」。是日，霧雨昏昏，非遠望所宜，故不復登。

辰初，以小舟下彭山，巳末已到，與弩累船會。即解維，午後，至眉州城外江，即玻瓈江也。冬時水色如此。方夏，潦怒濤漲，皆黄流耳。江上小山名蟆頤，川原平遠似江、浙間。

城中荷花特盛，處處有池塘。他郡種荷者皆買種於眉。徧城悉是石街，最為雅潔，前守王陽英昭祖所作也〔二〕。景疏樓在子城上，甚草草。聞舊樓在其角，尤不如今。其前多草木蔽虧，無所見。

庚辰。劉焞文潛招集於郡圃起文堂。堂名蓋為東坡設對起文。又一堂。前守李石知幾所作，名元祐學堂。眉人云：「李初揭堂名，輕薄子於郡前旗亭上，亦書其榜曰『淳熙酒肆』。」其俗大抵好論議。文潛，郡人也。

眉郡治有古竈，在廳事後，太守不敢居，扃鑰奉祠之。又聞軍資庫有一水甕，滿貯石子，每月朔亦祠之，仍增水、石各一器，不知其幾年，而至今不滿。官府怪誕之事，未有如眉之竈甕者。

辛巳。招送客燕於眉山館，與叙别。荔子已過，郡中猶餘一株，皆如渥丹，盡擷以見餉。偶有兩柈留館中，經宿取視，緑葉紅實粲然。乃知尋常用籃絡盛貯，徒欲透風，不知為雨露沾灑，風日炙薄，經宿色香都變。試取數百顆，貯以大合，密封之，走介入成都，以遺高、朱二使者〔二〕，亦兩夕到。二君回書云：「風露之氣如新。」記之以告好事者。

壬午。發眉州。六十里，午，至中巖，號西川林泉最佳處。相傳為第五羅漢諾矩那道場，又為慈姥龍所居〔三〕。

登岸即入山徑，半里有喚魚潭。水出巖下，莫知淺深，是為龍之窟宅。人拍手潭上，則羣魚自巖下出，然莫敢玩。兩年前，有監司從卒浴其中，若有物曳入崖下〔四〕。翌日，屍浮出江上。

又半里，有深源泉。凡五里，至慈姥巖。巖前即寺也。凡山中巖潭亭院之榜，皆山谷書。山谷貶戎州，今叙州也。有親故在青神，遂至眉，遊中巖。自此不復西，蓋元不識成都，疑有所畏避云。

入寺，側出石磴，半里餘，有三石峰，平正如高樓巍闕，巀嶪奇偉，不可名狀。前二峰，後一峰，如品字。前二峰之間，容一徑，可以並行。至中峰之下，有石室，諸矩那庵也。舊說有天台僧，遇病僧與一木鎖匙，曰：「異日至眉之中巖，以此匙扣石笋，我當出見。」已而果然。天台僧怳然識為病僧，挈以赴海中齋會。既回，如夢覺。自此中巖之名遂顯。三峰，土人謂之石笋。余觀之，乃三石樓，笋蓋不足道。

傍又有寶缾峰數百尺，上侈下縮，真一古壺，亦甚奇怪。

送客復集山中，遂留宿。初夜，月出東嶺，松桂如蒙霜雪，與諸人憑欄極談。至夜分，散。

癸未。早食後，與送客出寺，至慈姥巖前徘徊，皆不忍分袂。復班荆，小飲巖下。須臾風雨大至，巖溜垂下如布，雨映松竹〔一五〕，如玉塵散飛。諸賓各即席作詩，不覺日暮，遂皆不成行。下山，復入宿寺中。

甲申。早出山，至江步，與送客先歸者別。放船過青衣，入湖瀼峽，由平羌舊縣至嘉州，日未晡。自眉至嘉，百二十里，中巖其半途也。

謁憲使程詠之於雪堂。雪堂者，詠之葺重堂之後一堂。深邃清凉，專以度暑。

盡取所藏雪圖掛四壁，而榜曰雪堂，將以館余。余不暇還，然未行以前，蓋日造焉。

先是余造舟於叙，既成，泝流泊於嘉。甫畢而被召，自合江乘小舟至此。登新艦，乃治裝，及載諸軍封樁，稍治一行私商匿税之弊，例留數日。

行館之側，曰問月堂。雖久不葺，然月正出前簷，名不虚得。城累大石為之，以備漲湍，雖庳而堅。儀門之榜曰犍為郡，然非漢郡舊地也。尤多荔枝，皆大本，輪囷數圍，以九頂寺殿前櫃核者為最，每歲，憲司專之。

乙酉。泊嘉州。渡江，遊凌雲。在城對岸，山不甚高，綿延有九山頭，故又名九頂。舊名青衣山。青衣，蠶叢氏之神也。舊屬平羌縣。縣廢，併屬龍遊。

躋石磴，登凌雲寺。寺有天寧閣，即大像所在。嘉為衆水之會，導江、沫水與岷江，皆合於山下，南流以下犍為。沫水合大渡河由雅州而來，直擣山壁，灘瀧險惡，號舟楫至危之地。唐開元中，浮屠海通始鑿山為彌勒佛像以鎮之。高三百六十尺，頂圍十丈，目廣二丈，為樓十三層。自頭面以及其足，極天下佛像之大。兩耳猶以木為之。佛足去江數步，驚濤怒號，洶湧過前，不可安立正視，今謂之佛頭灘。佛閣正面三峨，餘三面皆佳山，衆江錯流諸山間，登臨之勝，自西州來，始見此耳。東坡詩：「但願身為漢嘉守，載酒常作淩雲遊。」後人取其語，作載酒亭於山上。

丙戌。泊嘉州。遊萬景樓，在州城，傍高丘之上。漢嘉登臨山水之勝，既豪西州，而萬景所見，又甲於一郡。其前大江之所經，犍為、戎、瀘，遠山縹緲明滅，煙雲無際。右列三峨，左橫九頂，殘山剩水，間見錯出。萬景之名，真不濫吹。余詩蓋題為西南第一樓也。

九頂之傍，有烏尤一峰，小江水繞之，如巧畫之圖。樓前百餘步，有古安樂園。山谷常遊之，名軒曰涪翁，壁間題字猶存。云「見水繞烏尤」，惟此亭耳。是時未有萬景，故山谷以安樂園為勝，今不足道矣。

下山，入小巷，至廣福院。中有水洞，静聽洞中，時有金玉聲，琅然清越，不知水滴何許作此聲也。舊名東丁水，寺亦因名東丁院，山谷更名方響洞，題詩云：「古人名此東丁水，自古丁東直到今。我為更名方響洞，要知山水有清音。」

丁亥、戊子、己丑、庚寅、辛卯，泊嘉州。遣近送人馬，歸者十九。留家嘉州岸下，單騎入峨眉。有三山，為一列，曰大峨、中峨、小峨。中峨、小峨昔傳有遊者，今不復有路。惟大峨一山，其高摩霄，為佛書所記普賢大士示現之所。自郡城出西門，濟燕渡水，洶湧甚險。此即雅州江，其源自巂州邛部合大渡河，穿夷界千山以來。過渡，宿蘇稽鎮。

壬辰。早發蘇稽，午過符文鎮。兩鎮市井繁遝〔一六〕，類壯縣。符文出布，村婦聚觀於道，皆行而績麻，無索手者。民皆束艾蒿於門，燃之發煙，意者熏祓穢氣，以為候迎之禮。

午後，至峨眉縣宿。

癸巳。發峨眉縣。出西門，登山，過慈福、普安二院、白水莊、蜀村店。十二里，龍神堂。

自是磵谷春淙，林樾雄深。小憩華嚴院，過青竹橋、峨眉新觀、路口、梅樹埡、兩龍堂〔一七〕，至中峰院。院有普賢閣，回環十七峰繞之。背倚白崖峰〔一八〕。右傍最高而峻挺者，曰呼應峰。下有茂真尊者庵，人迹罕至。孫思邈隱於峨眉，茂真在時，常與孫相呼、相應於此云。

出院，過樟木、牛心二嶺及牛心院路口，至雙溪橋。亂山如屏簇，有兩山相對，各有一溪出焉。並流至橋下，石壍深數十丈，窈然沉碧，飛湍噴雪，奔出橋外，則入岑蔚中，可數十步，兩溪合為一，以投大壑。淵渟凝湛〔一九〕，散為溪灘。灘中悉是五色及白質青章石子。水色𪍿塵，與石色相得，如鋪翠錦，非摹寫可具，朝日照之，則有光彩發溪上，倒射巖壑，相傳以為大士小現也。

牛心寺三藏師繼業，自西域歸過此，將開山，兩石鬬溪上，攬得其一，上有一目，端正透底，以為寶瑞，至今藏寺中，此水遂名寶現溪。自是登危磴，過菩薩閣，當道有榜，曰天下大峨山，遂至白水普賢寺。自縣至此，步步皆峻陂，四十餘里，然始是登峰頂之山脚耳。

甲午。宿白水寺。大雨，不可登山。謁普賢大士銅像。國初，敕成都所鑄。有太宗、真宗、仁宗三朝所賜御製書百餘卷，七寶冠、金珠瓔珞、袈裟、金銀缾鉢、奩爐、匙筯、果壘、銅鐘、鼓、鑼、磬、蠟茶、塔、芝草之屬。又有崇寧中宮所賜錢幡及織成紅幡等物甚多，内仁宗所賜紅羅紫繡袈裟，上有御書發願文，曰：

佛法長興，法輪常轉。國泰民安，風雨順時。干戈永息，人民安樂，子孫昌盛。一切衆生，同登彼岸。嘉祐七年十月十七日，福寧殿御札記。

次至經藏。亦朝廷遣尚方工作寶藏也。正面為樓闕，兩傍小樓夾之。釘鉸皆以碖石，極備奇靡。相傳純用京師端門之制。經書則造於成都，用碧硾紙銷銀書之。卷首悉有銷金圖畫，各圖一卷之事。經簾織輪相鈴杵器物及「天下太平」「皇帝」「萬歲」等字於繁花縟葉之中，今不復見此等織文矣。

次至三千鐵佛殿，云：「普賢居此山，有三千徒衆共住，故作此佛。」冶鑄甚朴拙。是日設供，且禱於大士，丐三日好晴以登山。

乙未。大霽，遂登上峰。自此至峰頂光相寺七寶巖，其高六十里。大略去縣中平地不下百里，又無復蹊磴。斫木作長梯，釘巖壁，緣之而上，意天下登山險峻，無此比者。余以健卒挾山轎强登。以山丁三十夫，曳大繩行前挽之，同行則用山中梯轎。

出白水寺側門，便登點心山。言峻甚，足膝點於心胸云。過茅亭嶕、石子雷、大小深坑、駱駝嶺、簇店。凡言店者，當道板屋一間。將有登山客，則寺僧先遣人煮湯於店，以俟蒸炊。

又過峰門、羅漢店、大小扶舁、錯喜歡、木皮里、胡孫梯、雷洞平。凡言平者，差可以託足之處也。雷洞者，路在深崖，萬仞磴道，缺處則下瞰沉黑若洞然。相傳下有淵水，神龍所居，凡七十二洞。歲旱，則禱於第三洞。初投香幣，不應，則投死彘及婦人弊履之類，以振觸之，往往雷風暴發。峰頂光明巖上所謂兜羅綿雲，亦多出於此洞。

過新店、八十四盤、娑羅平。娑羅者，其木葉如海桐，又似楊梅花，紅白色，春夏間開，惟此山有之。初登山半即見之，至此，滿山皆是。大抵大峨之上，凡草木禽蟲，悉非世間所有，昔固傳聞，今親驗之。余來以季夏，數日前，雪大降，木葉猶有雪漬斕斑之跡。草木之異，有如八仙而深紫，有如牽牛而大數倍，有如蓼而淺青。聞春時異花尤多，但是時山寒，人鮮能識之。草葉之異者，亦不可勝數。山高多風，木不能長，枝悉下垂。古苔如亂髮，鬖鬖挂木上，垂至地，長數丈。又有塔松，狀似杉而葉圓細，亦不能高，重重偃蹇如浮圖，至山頂尤多。又繼無鳥雀，蓋山高，飛不能上。

自娑羅平，過思佛亭、軟草平、洗脚溪，遂極峰頂光相寺。亦板屋數十間，無人居。中間有普賢小殿。以卯初登山，至此已申後。初衣暑綌，漸高漸寒，到八十四盤，則驟寒。比及山頂，亟挾纊兩重，又加毳衲駝茸之裘，盡衣笥中所藏。繫重巾，躡氈靴，猶凜慄不自持，則熾炭擁爐危坐。山頂有泉，煮米不成飯，但碎如砂粒。萬古冰雪之汁，不能熟物，余前知之，自山下攜水一缶來，財自足也。

移頃，冒寒登天仙橋，至光明巖。炷香小殿上，木皮蓋之。王瞻叔參政，嘗易以瓦，為雪霜所薄，一年輒碎，後復以木皮易之，翻可支二三年。人云佛現悉以午，今已申後，不若歸舍，明日復來。

逡巡，忽雲出巖下，傍谷中，即雷洞山也。雲行，勃如隊仗。既當巖，則少駐。雲頭現大圓光，雜色之暈數重。倚立相對中，有水墨影，若仙聖跨象者。一碗茶頃，光没，而其傍復現一光如前，有頃亦没。雲中復有金光兩道，横射巖腹，人亦謂之小現。日暮，雲物皆散，四山寂然。乙夜，燈出，巖下徧滿，彌望以千百計。夜寒甚，不可久立。

丙申。復登巖眺望，巖後岷山萬重，少北則瓦屋山，在雅州，少南則大瓦屋，近南詔，形狀宛然瓦屋一間也。小瓦屋亦有光相，謂之辟支佛現此。諸山之後即西域雪山，崔嵬刻削，凡數十百峰，初日照之，雪色洞明如爛銀晃耀曙光中。此雪自古至今，未嘗消也。山綿延入天竺諸蕃，相去不知幾千里，望之但如在几案間，瑰奇勝絶之觀，真冠平生矣。復詣巖殿致禱，俄氛霧四起，混然一白，僧云銀色世界也。

有頃，大雨傾注，氛霧辟易。僧云：「洗巖雨也，佛將大現。」兜羅綿雲復布巖下，紛鬱而上，將至巖數丈輒止。雲平如玉地，時雨點有餘飛。俯視巖腹，有大圓光，偃臥平雲之上。外暈三重，每重有青黄紅緑之色。光之正中，虚明凝湛，觀者各自見其形現於虚明之處，毫釐無隱，一如對鏡，舉手動足，影皆隨形而不見傍人。僧云攝身光也。此光既没，前山風起雲馳，風雲之間復出大圓相光，横亘數山，盡諸異色，合集成采。峰巒草木，皆鮮妍絢蒨，不可正視。雲霧既散，而此光獨明，人謂之清現。凡佛光欲現，必先布雲，所謂兜羅綿世界。光相依雲而出，其不依雲，則謂之清現，極難得。

食頃，光漸移，過山而西。左顧雷洞，山上復出一光，如前而差小，須臾亦飛行過山外，至平野間，轉徙得得，與巖正相值，色狀俱變，遂為金橋。大略如吴江垂虹，而兩圯各有紫雲捧之。凡自午至未，雲物净盡，謂之收巖，獨金橋現，至酉後始没。同登峰頂者：幕客簡世傑伯雋、楊光商卿、周傑德俊萬、進士虞植子建及家弟成績。今日，復有同年楊憖伯勉、幕客李嘉謀良仲自夾江來，甫至而光現。

丁酉。下山。始登山時，雖躋攀艱難，有繩曳其前，猶險而不危。下山時，雖復以繩縋輿後梯斗下，輿夫難著脚，既險且危。下山漸覺暑氣，以次减去綿衲。午至白水寺，則絺綌如故。聞昨暮寺中大雷雨，峰頂夕陽快晴，元不知也。

幕客范謨季申、郭明復中行、楊輔嗣勳皆自漢嘉來會〔三〇〕，而不及余於峰頂。食後，同遊黑水，過虎溪橋，奔流激湍，大略似雙溪而小不及。始開山，僧自白水尋勝至此，溪漲，不可渡，有虎蹲伏其傍，因遂跨之，亂流以濟，故以名溪。白、黑二水，皆以石色得名。黑水前對月峰，棟宇稍潔。宿寺中東閣。

秋七月戊戌，朔。離黑水，復過白水寺，前渡雙溪橋，入牛心寺。雨後斷路，白雲峽水方漲，碧流白石，照人肺肝，如層冰積雪。籃輿下行峽淺處以入寺。飛濤濺沫，襟裾皆濡。境過清，毛髮盡竦。

寺對青蓮峰，有白雲、青蓮二閣最佳。牛心本孫思邈隱居，相傳時出諸山，寺中人數見之。小説亦載招僧誦經，施與金錢，正此山故事。

有孫仙煉丹竈，在峰頂，及淘珠泉在白雲峽最深處。去寺數里，水深不可涉。獨訪丹竈。竈傍多奇石，祠堂後一石尤佳，可以箕踞宴坐，名坃丹石。

寺有唐畫羅漢一板，筆跡超妙，眉目津津，欲與人語。成都古畫浮圖像最多，以余所見，皆出此下。蜀畫胡僧，惟盧楞伽之筆為第一，今見此板，乃知楞伽源流所自，餘十五板亡之矣。

此寺即繼業三藏所作。業姓王氏，耀州人。隸東京天壽院。乾德二年，詔沙門三百人，入天竺求舍利及貝多葉書，業預遣中。至開寶九年，始歸寺。所藏涅盤經一函，四十二卷。業於每卷後，分記西域行程，雖不甚詳，然地里大略可考，世所罕見，録於此，以備國史之闕。

業自階州出塞西行，由靈武、西凉、甘、肅、瓜、沙等州，入伊吴、高昌、焉耆、于闐、疏勒、大食諸國〔二〕，度雪嶺至布路州國。

又度大葱嶺，雪山至伽溼彌羅國〔三〕，西登大山，有薩埵太子投崖飼虎處，遂至健陀羅國，謂之中印土。

又西至庶流波國及左爛陀羅國。國有二寺。

又西過四大國，至大曲女城，南臨陷牟河〔三〕，北背洹河，塔廟甚多而無僧尼。

又西二程，有寶堦故基〔四〕。

又西至波羅奈國，兩城相距五里，南臨洹河。

又西北十許里，至鹿野苑，塔廟佛蹟最夥（業自云別有傳記，今不傳矣）。

南行十里，渡洹河。河南有大浮圖。自鹿野苑西至摩羯提國，館於漢寺。寺多租入，八村隸焉。僧徒往來如歸，南與杖林山相直〔三五〕，巍峰巋然。山北有優波掬多石室及塔廟故基。南百里有孤山〔三六〕，名鷄足三峰。云是迦葉入定處。

又西北百里，有菩提寶座城。四門相望，金剛座在其中〔三七〕，東向。

又東至尼連禪河〔三八〕。東岸有石柱，記佛舊事。自菩提座東南五里，至佛苦行處。

又西三里，至三迦葉村及牧牛女池。金剛座之北門外，有師子國伽藍。

又北五里，至伽耶城。

又北十里，至伽耶山，云是佛説寶雲經處。

又自金剛座東北十五里，至正覺山。

又東北三十里，至骨磨城。業館於蝦羅寺，謂之南印土。諸國僧多居之。

又東北四十里，至王舍城。東南五里，有降醉象塔。

又東北，登大山，細路盤紆，有舍利子塔。

又臨澗有下馬迎風塔。度絶壑，登山頂，有大塔廟，云是七佛説法處。山北平地。

又有舍利本生塔。其北山半曰鷲峰，云是佛説法華經處。山下即王舍城，城北山址，有温泉二十餘井。

又北有大寺及迦蘭陁竹園故跡。

又東有阿難半身舍利塔。温湯之西，有平地，直南登山，復有畢鉢羅窟〔二九〕。業止其中，誦經百日而去。窟西，復有阿難證果塔。此去新王舍城八里，日往乞食會。新王舍城有蘭若，隸漢寺。

又有樹提迦故宅城。其西，有輪王塔。

又北十五里，有那爛陁寺。寺之南北，各有數十寺，門皆西向。其北，有四佛座。

又東北十五里，至烏嶺頭寺〔三〇〕。東南五里，有聖觀自在像。

又東北十里，至伽溼彌羅漢寺〔三一〕，寺南距漢寺八里許。自漢寺東行十二里，至卻提希山。

又東七十里，有鴿寺。西北五十里，有支那西寺，古漢寺也。西北百里，至花氏城，育王故都也。自此渡河，北至毘耶離城，有維摩方丈故跡。

又至拘尸那城及多羅聚落。踰大山數重，至泥波羅國。又至磨逾里，過雪嶺，至三耶寺。由故道自此入階州。太祖已宴駕，太宗即位。業詣闕進所得梵夾舍利等，詔擇名山修習。登峨眉，北望牛心，衆峰環翊，遂作庵居，已而為寺。業年八十四而終。

出牛心，復過中峰之前，入新峨眉觀。自觀前山開新路，極峻斗下。冒雨以遊龍門，竭蹶數里，欻至一處，澗溪自兩山石門中湧出，是為龍門峽也。以一葉舟棹入石門，兩岸千丈巖壁，色如碧玉，刻削光潤。入峽十餘丈，有兩瀑布各出一巖頂，相對飛下巖根，有盤石承之，激為飛雨，濺沫滿峽〔三〕，舟過其前，衣皆沾灑透溼，又數丈，半巖有圓龕，去水可二丈，以木梯升之，即龍洞也。峽中紺碧無底，石寒水清，非復人世。舟行數十步，石壁益峻，水益湍，亟回棹。舟人云：「前去更奇。」以雨大作，加飛瀑沾濡，暑肌起粟，骨驚神僕，凛乎其不可以久留也。

昔嘗聞峨眉雙溪，不減廬山三峽。前日過之，真奇絶。及至龍門，則雙溪又在下風。蓋天下峽泉之勝，當以龍門為第一。要之遊者自知，未之遊者，必以余言為過。然其路險絶，亂石當道，將至峽，必捨輿，躡草履，經營蹎步於槎牙兀臬中，方至峽口。

蓋大峨峰頂天下絶觀，蜀人固自罕遊，而龍門又勝絶於山間，遊峨眉者，亦罕能到。非好奇喜事、忘勞苦而不憚疾病者，不能至焉。

復尋大路出山。初夜，始至縣中。

己亥。發峨眉。晚，至嘉州。

庚子、辛丑。皆泊嘉州。

壬寅。將解纜，嘉守王亢子蒼留看月榭。前權守陸游務觀所作，正對大峨，取李太白「峨眉山月半輪秋，影入平羌江水流」之句。郡治乃在山坡上。正堂之偏，有孫真人祠。祠前有丹井；又有石洞〔三〕，亦有水聲如東丁，號鳴玉洞。

食後，發嘉州。監司太守前路相别。憲司吏獨棹葉舟，過佛頭灘，覆於望中。子姪船上重下輕，屢欹側不免，議易舟。僅行二十里，至王波渡宿。

蜀中稱尊老者為波，祖及外祖皆曰波，又有所謂天波、日波、月波、雷波者，皆尊之之稱。此王波蓋王老或王翁也。宋景文嘗辯之，謂當作「皤」字。魯直貶涪州别駕，自號涪皤，或從其俗云。

癸卯。發王波渡，四十里至羅護鎮〔三〕。岸有石如馬，村人常以繩縻之，云不然為怪。百里至犍爲縣。縣有江樓，甚高爽，下臨長川。過縣二十里，至下垻宿。

校勘記

〔一〕自侍郎堤西行秦岷山道中　説郛本、庫本無「秦」字。疑「秦」字衍。

〔二〕曰大面山　明抄本「面」作「圖」。下同。

〔三〕五十里　底本原校：「五十里」一作「十五里」。明抄本、庫本作「十五里」。

〔四〕俗稱其村曰獠澤　明抄本「獠」作「撩」。

〔五〕而了然見之　説郛本「然」前有「可」字。

〔六〕孫太古畫龍虎二君　庫本「君」作「像」。

〔七〕孫畫味江龍一堵　庫本「味江」作「未成」。按：以下有龍「一目遂眚」之語，是未成龍也。疑作「未成」是。

〔八〕蜀無菱至此始見之　説郛本「蜀無菱」作「蜀中少菱芡」。

〔九〕郡守吴廣仲　底本原校：「仲」後一有「廣」字。明抄本有「廣」字。

〔一〇〕善頌堂上　「上」原缺，據明抄本、庫本補。

〔一二〕前守王陽英昭祖　底本原校：「陽」一作「楊」。明抄本、庫本作「楊」。

〔一三〕高朱二使者　底本原校：「朱」一作「宋」。明抄本、庫本作「宋」。

〔一三〕又為慈姥龍所居　説郛本「慈」前有「老」字。

〔一四〕若有物曳入崖下　底本原校：「崖下」一作「巖下」。明抄本、庫本作「巖下」。

〔一五〕雨映松竹　底本原校：「松竹」一作「松柏」。明抄本、庫本作「松柏」。

〔一六〕兩鎮市井繁遝　明抄本「遝」作「□□□□□」。

〔一七〕兩龍堂　底本原校：「一作雨龍堂。」明抄本、庫本作「雨龍堂」。

〔一八〕院有普賢閣回環十七峰繞之背倚白崖峰　底本原校：「十七峰」一作「十二峰」。明抄本、庫本作「十二峰」。庫本「倚」作「隱」。

〔一九〕淵渟凝湛　底本原校：「凝湛」一作「湛澈」。明抄本、庫本作「湛澈」。

〔二〇〕楊輔嗣勳　底本原校：石湖集「嗣勳」作「商卿」。按：底本此校誤。嗣勳、商卿乃父子二人。參石湖居士詩集卷十八、十九，並參拙撰范成大年譜。商卿名光。

〔二一〕由靈武西凉甘肅瓜沙等州入伊吴高昌焉耆于闐疏勒大食諸國　文獻通考無「州」字；「吴」原作「吾」，「食」原作「石」，今從文獻通考改。

〔二二〕伽溼彌羅國　庫本「溼」作「湼」，下同。

〔二三〕南臨陷牟河　明抄本、庫本「陷」作「滔」。文獻通考作「滔」。

〔二四〕西二程有寶階故基　文獻通考「程」作「城」。明抄本「基」作「塞」。

〔二五〕南與杖林山相直　明抄本「杖」作「枝」。

〔二六〕南百里有孤山　底本原校：「南」一作「西南」。文獻通考、明抄本、庫本作「西南」。文獻通考無「有」字。

〔二七〕金剛座在其中　「座」原作「坐」，今從文獻通考。按：以下云及金剛坐，徑改「座」。

〔二八〕尼連禪河　文獻通考「河」作「州」。

〔二九〕登山復有畢鉢羅窟　「復」原作「腹」，今據文獻通考改。

〔三〇〕烏嶺頭寺　底本原校：一作「烏巔頭寺」。文獻通考、明抄本、庫本作「烏巔頭寺」。

〔三一〕伽溼彌羅漢寺　文獻通考無「漢」字。

〔三二〕濺洙滿峽　「洙」疑為「珠」之誤。

〔三三〕又有石洞　「又」原缺，據明抄本、庫本補。

〔三四〕羅護鎮　説郛本「護」作「漢」。

吴船録卷下

甲辰。發下垻。百里，至叙州宣化縣。百二十里，至叙州，纔亭午。叙，古戎州也。山谷謫居在小寺中，號大死庵。後人就作祠堂，并裒墨蹟刻其中。方山谷謫居時，屢有鎖江亭詩，今江上舊基，别作新亭，頗如法鎖江者。

舊戎州在對江平坡之上，與夷蠻雜處。馬湖江自夷中出，合大江。夷自馬湖舟行，必過舊州下，故聯鎖於江口，以防其出没。今徙州治於南岸，而鎖江之名猶存，猶置鎖中流，但攔税而已。

舊州有韋臯紀功碑，巍然在荒榛中。對江諸夷皆重屋，林木蔚然，盛暑猶荷氈以觀客舟之過江。

兩岸多荔子林。郡醖舊名「重碧」，取杜子美戎州詩「重碧拈春酒，輕紅擘荔枝」之句。余謂「重」字不宜名酒，為更名「春碧」。印本「拈」或作「酤」，郡有碑本，乃作「粘」字。

乙巳。發叙州。十五里，有南廣江來合大江，通百二十里，至南溪縣。四十五里，至瀘州江安縣。道中有灘，號張旗三灘。謂湍勢奔急，張旗之頃，已過三灘也。百二十里，至瀘州，方申時。

大雨中不暇登眺。瀘雖近年以為帥府，井邑草草，不成都會，亦以密邇夷蠻故也，然在漢已為江陽縣矣。

蜀中惟瀘叙之城皆以屋蓋之，極類廣西。叙多頹圮，瀘獨全好，然猶不及桂林之壯。瀘、叙對江即夷界。近城有渡瀘亭，竟不知諸葛孔明的從何處渡。或云叙正對馬湖江，馬湖入諸夷路，當自彼渡也。

丙午。泊瀘州。登南定樓，為一郡佳處。前帥晁公武子止所作，下臨内江。此水自資、簡州來合大江。城上有來風亭，瞰二江合處，於納涼最宜，梁介子輔所作。子輔蓋得末疾於斯亭，竟以不起，亭名疑讖云。

丁未。將解維，瀘帥馬騏德駿移具江亭。比散，風起，日亦曛，不可行。

戊申。發瀘州。百二十里，至合江縣。對岸有廟曰登天王，相傳為吕光廟。事苻堅，以破虜將軍平蜀有功，後其子紹即天王位，登天之名或以此。舟人至縣，皆上謁，以魚為享，無即以鮓。又以鳩摩羅什從祀而享以餅餌。又有劉仙觀，在對江安樂山。劉仙名珍，隋開皇時人。山中出天符木葉，上有篆文，如道士書符，人採以相贈遺。

蜀中送客至嘉州歸盡，獨楊商卿父子、譚季壬德稱三人送至此〔一〕，踰千里矣。乃為留一宿以話別。

己酉。發合江。二百四十里，至恭州江津縣。二十里，過漁洞，宿泥培村。

庚戌。發泥培。六十里，至恭州。自此入峽路。大抵自西川至東川，風土已不同，至峽路益陋矣。恭為州乃在一大磐石上，盛夏無水土氣，毒熱如爐炭燔灼，山水皆有瘴，而水氣尤毒。人喜生癭，婦人尤多。自此至秭歸皆然。承平時謂之川峽，自不同年而語。軍興，置大帥司，始總名四川。然法令科條，猶稱川峽。

泊舟小憩報恩寺，熱亦不可逃。生平不堪暑，未有如此日者。

辛亥。發恭州。嘉陵江自利、閬、果、合等州來合大江。百四十里，至涪州樂温縣，有張益德廟。大觀中賜額雄威，紹興中封忠顯王。蒲氏墨舊出此縣，大韶死久矣，其族人猶賣墨，不復能大佳，亦以賤價故也。

七十里，至涪州排亭之前，波濤大洶，濆淖如屋，不可梢船。過州，入黔江泊。此江自黔州來合大江。大江怒漲，水色黃濁，黔江乃清泠如玻璃，其下悉是石底。自成都登舟，至此始見清江〔二〕。涪雖不與蕃部雜居，舊亦夷俗，號為四人〔三〕。四人者，謂華人、巴人及廩君與盤瓠之種也。

自眉、嘉至此，皆產荔枝。唐以涪州任貢。楊太真所嗜，去州數里，有妃子園，然其品實不高。今天下荔枝，當以閩中為第一，閩中又以莆田陳家紫為最。川、廣荔枝生時，固有厚味多液者，乾之肉皆瘠，閩產則否。

壬子。發涪州。過羣猪灘，既險且長。水雖大漲，亂石猶森然。兩傍他舟皆蕩兀，驚怖號呼。

百二十里，至忠州酆都縣。去縣三里，有平都山仙都道觀，本朝更名景德。冒大暑往遊，阪道數折，乃至峰頂。碑牒所傳，前漢王方平、後漢陰長生皆在此山得道仙去。有陰君丹爐及兩君祠堂皆存。祠堂唐李吉甫所作，壁亦有吉甫像。有晉、隋、唐三殿，制度率痺狹，不突兀，故能久存。壁皆當時所畫〔四〕，不能盡精，惟隋殿後壁十仙像為奇筆，豐臞妍怪，各各不同，非若近世繪仙聖者一切為靡曼之狀也。晉殿內壁亦有溪女等像，可亞隋壁。殿前浴丹池，不甚甘涼。

滿山古柏大數圍，轉運司歲遣官點視。相傳為陰君手種。余以成都孔明廟柏觀之，彼止劉蜀時物，乃大此數倍。然段文昌修觀記已云「峭壁千仞，下臨沸波，老柏萬栽，上蔭峰頂」，段時已稱老柏，或真陰君所植，直差瘦耳。陰君以煉丹濟人為道業，其法猶傳，知石泉軍章森德茂家有陰丹甚奇，即陰君丹法也。

觀中唐以來留題碑刻以百數，暑甚不暇徧讀。道家以冥獄所寓為酆都宫，羽流云此地或是。

晚行，數十里至竹平宿。

癸丑。發竹平。七十里，至忠州。有四賢閣，繪劉晏、陸贄、李吉甫、白居易像，皆嘗謫此州者。又有荔枝樓，樂天所作。

又行五十里，至萬州武寧縣。八十里，至萬州。宿在江濱。邑里最為蕭條，又不及恭、涪。蜀諺曰：「益、梓、利、夔最下，忠、涪、恭、萬尤卑。」然泝江入蜀者，至此即捨舟而徒，不兩旬可至成都，舟行即須十旬。

甲寅。早遊西山。萬有西山及岑公洞，皆可遊。岑叟事見嚴挺之碑，隋末避地得道。

洞隔漲江，不暇往。

西山之麓登阪，及山半，得平地，有泉溢為小湖，作亭堂其上，荷芰充滿，四山紫翠環之，亦佳處也。山谷題字極稱許之。湖上有煙霏閣，取題中語也。

食頃回，解舟。六十里，至開江口。水自開、達州來合大江。四十里，至下巖。沿江石壁下，忽嵌空為大石屋，即石壁鑿為像設，前有瑞光閣，閣上石巖如簷覆之，水簾落巖下排溜閣前，此景甚奇。然此水乃山頂田間灌溉之餘，旱則涸矣。閣前有大荔枝兩株，交柯蔽映。入蜀道，至此始見荔枝。

巖壁刻字尤多，坡、谷皆有之。坡書殊不類，非其親蹟。寺屋尤弊壞。昔有劉道者創之，劉死，鑿巖壁以藏骨，今有石室處可辨也〔五〕。

四十里，至雲安軍。又十餘里，風作水湧，泊舟宿。

乙卯。過午，風稍息，遂行。百四十里，至夔州。余前年入蜀，以重午至夔，魚復方漲，八陣在水中，今來水更過之，六十四蕝不復得見，頗有遺恨。

峽江水性大惡，飲輒生癭，婦人尤多。前過此時，婢子輩汲江而飲，數日後發熱，一再宿，項領腫起，十餘人悉然，至西川月餘，方漸消散。守、倅乃日取水於卧龍山泉，去郡十許里，前此不知也。

丙辰。泊夔州。早遣人視瞿唐，水齊〔六〕，僅能没灩澦之頂，盤渦散出其上，謂之灩澦撒髮。人云如馬尚不可下，况撒髮耶！是夜，水忽驟漲，渰及排亭諸簟舍，亟遣人毁拆，終夜有聲，及明走視，灩澦則已在五丈水下。或謂可以僥倖乘此入峽，而夔人猶難之。同行皆往瞿唐祀白帝，登三峽堂及遊高齋，皆在關上。高齋雖未必是杜子美所賦，然下臨灩澦，亦奇觀也。

丁巳。水長未已，辰、巳時，遂决解維。十五里，至瞿唐口，水平如席。獨灩澦之頂，猶渦紋瀺㵠，舟拂其上以過，摇艣者汗手死心，皆面無人色。蓋天下至險之地，行路極危之時，傍觀皆神驚，余已在舟中，一切付自然，不暇問，據胡牀坐招頭處，任其盪兀。每一舟入峽數里，後舟方敢續發。水勢怒急，恐猝相遇，不可解拆也。帥司遣卒執旗，次第立山之上下，一舟平安，則簸旗以招後船。舊圖云：「灩澦大如襆，瞿唐不可觸。灩澦大如馬，瞿唐不可下。」此俗傳「灩澦大如象，瞿唐不可上」，蓋非是也。後人立石辯之，甚詳。

入峽百餘步，南壁有泉，相傳行人欲飲水，則叫呼曰人渴也，泉出巖罅，盡一杯而止。舟行速且難梢泊，不暇考也。

峽中兩岸，高巖峻壁，斧鑿之痕皴皴然，而黑石灘最號嶮惡。兩山束江驟起，水勢不及平，兩邊高而中窪下，狀如茶碾之槽，舟楫易以傾側，謂之茶槽齊，萬萬不可行。余來，水勢適平，免所謂茶槽者。又水大漲，渰没草木，謂之青草齊，則諸灘之上，水寬少浪，可以犯之而行。余之來，水未能盡漫草木〔七〕，但名草根齊，法亦不可涉，然犯難以行，不可回首也。

十五里，至大溪口。水稍闊，山亦差遠，夔峽之險紓矣。

七十里，至巫山縣宿。縣人云：「昨夕水大漲，灩澦恰在船底，故可下夔峽。至巫峽則不然，則須水退十丈乃可。」是夕，水驟退數丈，同行者皆有喜色。

戊午。乘水退下巫峽，灘瀧稠險，濆淖洄洑，其危又過夔峽。

三十五里，至神女廟。廟前灘尤洶怒，十二峰俱在北岸，前後蔽虧〔八〕，不能足其數。最東一峰尤奇絶，其頂分兩歧，如雙玉篸插半霄，最西一峰似之而差小。餘峰皆鬱嵂非常，但不如兩峰之詭特。相傳一峰之上，有文曰「巫」，不暇訪尋。自縣行半里，即入峽。時辰巳間，日未當午，峽間陡暗如昏暮，舉頭僅有天數尺耳。兩壁皆是奇山，其可儗十二峰者甚多。煙雲映發，應接不暇，如是者百餘里，富哉其觀山也。十二峰皆有名，不甚切，事不足録。

神女廟乃在諸峰對岸小岡之上，所謂陽雲臺、高唐觀，人云在來鶴峰上，亦未必是。神女之事，據宋玉賦云以諷襄王，其詞亦止乎禮義，如「玉色頩以赬顔」、「羌不可兮犯干」之語，可以概見。後世不詧，一切以兒女子褻之。余嘗作前後巫山高以辯。今廟中石刻引墉城記：瑶姬，西王母之女，稱雲華夫人，助禹驅鬼神，斬石疏波，有功見紀，今封妙用真人，廟額曰凝真觀，從祀有白馬將軍，俗傳所驅之神也。

巫峽山最嘉處，不問陰晴，常多雲氣，映帶飄拂，不可繪畫，余兩過其下，所見皆然。豈余經過時偶如此，抑其地固然，「行雲」之語，亦有所據依耶？世傳巫山圖，皆非是。雖夔府官廨中所畫亦不類。余令畫史以小舠泛中流摹寫，始得形似。今好事者所藏，舉不若余圖之真也。

廟有馴鴉，客舟將來，則迓於數里之外，或直至縣。下船過，亦送數里。人以餅餌擲空，鴉仰喙承取不失一。土人謂之神鴉，亦謂之迎船鴉。

二十里，至東奔灘。高浪大渦，巨艑掀舞，不當一槁葉，或為渦所使，如磨之旋。

三老挽招竿叫呼，力爭以出渦。

二十里，過歸州巴東縣，有寇忠愍公祠。縣亭二柏，傳為公手植。九十里，至歸州。未至州數里，曰吒灘，其嶮又過東奔。土人云黃魔神所為也。連接城下大灘，曰人鮓甕。很石横卧，據江十七八。從人船傾側，水入篷窗，危不濟。聞交代胡長文給事已至夷陵，欲陸行，舟車且參辰，義不可相避，泊秭歸以須之。

己未。泊歸州。峽路州郡固皆荒凉，未有若歸之甚者。滿目皆茅茨，惟州宅雖有蓋瓦，緣江負山，偪仄無平地。楚熊繹始封於此，篳路藍縷，以啟山林，其後始大，奄有今荆湖數千里之廣。

州東五里，有清烈公祠，屈平廟也。秭歸之名，俗傳以屈平被放，其姊女嬃先歸，故以名，殆若戲論。好事者或書作此「姊歸」字。

倚郭秭歸縣，亦傳為宋玉宅。杜子美詩云：「宋玉悲秋宅。」謂此縣傍有酒壚，或為題作「宋玉東家」。

屬邑興山縣，王嬙生焉。今有昭君臺、香溪，尚存。城南二里有明妃廟。余嘗論歸為州僻陋，為西蜀之最，而男子有屈、宋，女子有昭君。閥閱如此，政未易忽。

庚申、辛酉。泊歸州。歸故嘗隸湖北，近歲以地望形勢正在峽中，乃以屬夔，是矣。而財賦仍隸湖北，歲輸止二萬緡，而一州兩屬，罷於奔命，非是。當别撥此緡補湖北而併以歸隸夔，始盡事理。

壬戌。泊歸州。水驟退十許丈，沿岸灘石森然，人鮓甕石亦盡出。望昨夕繫舟排亭，乃在半山間。移舟近東泊。從船遷徙稍緩，為暗石作觸，水入船，幾破敗。

癸亥。泊歸州。假郡中小圃，挈累暫駐望洋軒。所謂圃者，崖上不能兩畝，花竹蕭然。有秭歸、懷忠二小堂。前後山既高且近，堂堂廩廩，迫而臨之，如欲覆壓。

甲子。泊歸州。長文自峽山陸行，暮夜至歸鄉沱渡江，往渡頭迓之。余前入蜀時，亦以江漲不可泝，自此路來，極天下之艱險。乃告峽州守管鑑、歸州守葉默、倅熊浩及夔漕沈作礪，請略修治。先是過麻線堆下，人告余不須登山，有浮屠法寶於山脚刊木開路，盡避麻線之厄，縣尉孫某作小記龕道傍石壁上。余感之，謂一道人獨能辦此，況以官司力耶？乃作麻線堆詩以遺四君。是時，余改成都路制置使，號令不及峽中，故以詩道之。繼而四君皆相聽許，以鹽、米募村夫鑿石治梯級，其不可施力者，則改從他塗。除治十六七，商旅遂以通行。新制使之來正賴此，然猶歎咤行路之難，特不見未修治以前耳。

乙丑、丙寅。泊歸州。

丁卯。欲解船，而長文固留，復泊歸州。

八月戊辰，朔。發歸州。兩岸大石連延，蹲踞相望，頑很之態，不可狀名。

五里，入白狗峽。山特奇峭，峽左小溪入玉虚洞中，可容數百人。

三十里，至新灘。此灘惡名豪三峽，漢、晉時，山再崩，塞江，所以後名新灘。石亂水洶，瞬息覆溺，上下欲脱免者，必盤博陸行，以虚舟過之。兩岸多居民，號灘子，專以盤灘為業。余犯漲潦時來，水漫羨不復見灘，擊楫飛度，人翻以為快。

八十里，至黄牛峽。上有洺川廟，黄牛之神也。亦云助禹疏川者。廟背大峰，峻壁之上，有黄迹如牛，一黑迹如人牽之，云此其神也。廟門兩石馬，一馬缺一耳，東坡所書歐陽公夢記及詩甚詳。至今人以此馬為有靈，甚嚴憚之。古語云：「朝發黄牛，暮宿黄牛。三朝三暮，黄牛如故。」言其山岧嶢，終日猶望見之。歐陽公詩中亦引用此語。然余順流而下，回首即望斷，「如故」之語，亦好事者之言耳。自此以往，峽山尤奇，江道轉至黄牛山背，謂之假十二峰。過假十二峰之下，兩岸悉是奇峰，不可數計，不可以圖畫摹寫，亦不可以言語形容，超妙勝絶，殆有過巫陽處。歐陽公所以泝峽來遊，正不為黄牛廟也。

黄牛峽盡，則扇子峽。蝦蟆碚在南壁半山，有石挺出，如大蟆，呿吻向江。泉出蟆背山竇中，漫流背上散下。蟆吻垂頤頷間如水簾以下於江，時水方漲，蟆去江面纔丈餘，聞水落時，下更有小磯承之。張又新水品亦録此泉。蜀士赴廷對，或挹取以為硯水，過此，則峽中灘盡矣。

三十里，得南岸平地，曰平善垻。出峽舟至是皆檥泊，相慶如更生。舟師、篙工皆有犒賜，上下歡然。將吏以刺字通賀，不待至至喜亭也。舟將至平善壩，青天烈日中，忽大風急雨傾盆。食頃，至壩下，風定雨止，晴色如故，若江瀆之神相送者。

己巳。發平善壩。三十里，早食。時至峽州。登至喜亭。敝甚，不稱坡翁之記。州宅有楚塞樓，山谷所名。古語曰：「荆門虎牙，楚之西塞。」夷陵即其地。自古以為重鎮。三國時，又為吴之西陵。陸遜以為夷陵要害，國之關限。今吴、蜀共道此地，但為蕞爾荒壘耳。

郡圃又有爾雅臺，相傳郭景純註爾雅於此。臺對一尖峰，曰郭道山，景純所居也。

夷陵縣有歐陽公草堂一間，亦已圮壞。

對江渡即登峽山，陸路之始也。向余入蜀時，以漲江不可泝，自此徒行，備嘗艱厄。過渡有甘泉寺，山上有泉及姜詩妻龐氏祠，相傳為湧泉躍鯉之地。傍近又有姜詩泉，此地之信否，未可決也。

百四十里，至楊木寨，宿。嚮離蜀都至漢嘉，則江之兩岸皆山矣。入夔州，則山忽陡高，無不摩雲者。自嘉以來，東西三千里，南北綿亘，以入蕃夷之界，又莫知其幾千里，不知其幾千萬峰，山之多且高大如此，然自出夷陵，至是回首西望，則杳然不復一點，惟蒼煙落日，雲平無際，有登高懷遠之歎而已。

庚午。發楊木寨。八十里，至江陵之枝江縣。四十里，至松滋縣。二百十里〔九〕，至荆南之沙頭，宿。沙頭一名沙市。

辛未。泊沙頭。道大隄，入城謁諸官。

壬申、癸酉。泊沙頭。江陵帥辛棄疾幼安招遊渚宮。敗荷剩水，雖有野意，而故時樓觀，無一存者。後人作小堂，亦草草。舊對此有絳帳臺，今在營寨中，無復遺迹。章華臺在城外野寺，亦粗存梗概。詢龍山落帽臺，云在城北三十里，一小丘耳。

息壤在子城南門外，舊記以為不可犯，畚鍤所及，輒復如故，又能致雷雨。唐元和中，裴宙為牧，掘之六尺，得石樓如江陵城樓狀。是歲，霖雨為災。用方士説復埋之，一夕如故。舊傳如此。近歲遇旱，則郡守設祭掘之，畚其土於傍，以俟報應。往往掘至石樓之簷，而雨作矣。則復以故土還覆之〔一〇〕，不聞其壤之息也。然掘土而致雨〔一一〕，則辛幼安云：「親驗之而信。」

甲戌。泊沙頭。

乙亥。移舟出大江，宿江瀆廟前。

丙子。發江瀆廟。七十里，至公安縣。登二聖寺。二聖之名，江湖間競尚之，即在處佛寺門兩金剛神也。此則遷之殿上。傳記載發迹靈異，大略出於夢應。云是千佛數中最後者，一名婁至德，一名青葉髻。江岸喜隤，或時巨足迹印其處則隤止。

百二十五里，至石首縣對岸宿。縣下石磯，不可泊舟。

丁丑。發石首。百七十里，至魯家洑。自此至鄂渚，有兩途。一路遵大江，過岳陽及臨湘、嘉魚二縣。岳陽通洞庭處，波浪連天，有風即不可行，故客舟多避之。一路自魯家洑入沌。沌者，江傍支流，如海之汊〔一二〕，其廣僅過運河，不畏風浪。兩岸皆蘆荻，時時有人家。但支港通諸小湖，故為盜區。客舟非結伴作氣不可行。偶有鄂兵二百更戍，欲歸過荆南，遂以舟載，使偕行。自魯家洑避大江入沌，月明行三十里，宿。

戊寅、己卯。皆早暮行沌中。

庚辰。行過所謂百里荒者。皆湖濼茭蘆，不復人迹，巨盗之所出没。月色如晝，將士甚武。徹夜鳴艣，弓弩上弦，擊鼓鉦以行，至曉不止。

辛巳。晨出大江，午至鄂渚。泊鸚鵡洲前南市堤下。南市在城外，沿江數萬家，廛閈甚盛，列肆如櫛。酒壚樓欄尤壯麗，外郡未見其比。蓋川、廣、荆、襄、淮、浙貿遷之會，貨物之至者無不售，且不問多少，一日可盡，其盛壯如此。

監司帥守劉邦翰子宣而下，皆來相見邀飯，皆曰未敢定日。及欲移具舟次，余笑曰：「若定日則莫若中秋，張具則莫欲南樓。」衆亦笑許。

壬午。晚，遂集南樓。樓在州治前黄鶴山上。輪奂高寒，甲於湖外。下臨南市，邑屋鱗差。岷江自西南斜抱郡城東下。天無纖雲，月色奇甚。江面如練，空水吞吐。平生所遇中秋佳月，似此夕亦有數，况復修南樓故事，老子於此，興復不淺也。

向在桂林時，默數九年之間，九處見中秋，其間相去或萬里，不勝漂泊之歎，嘗作一賦以自廣。及徙成都，兩秋皆略見月。十二年間，十處見中秋。去年嘗題數語於大慈樓上，今年又忽至此。通計十三年間，十一處見中秋，亦可以謂之游子。然余以病丐骸骨，儻恩旨垂允，自此歸田園，帶月荷鋤，得遂此生矣。坐中亦作樂府一篇，俾鄂人傳之。

水調歌頭

細數十年事，十處過中秋。今年新夢忽到，黄鶴舊山頭。老子个中不淺，此會天教重見，今古一南樓。星漢淡無色，玉鏡獨空浮。　斂秦煙，收楚霧，熨江流。關河離合南北，依舊照清愁。想見姮娥冷眼，應笑歸來霜鬢，空敝黑貂裘。釃酒問蟾兔，肯去伴滄洲。

所謂十一處見中秋，今略識於此。始自酉年計之，是年直東觀，戌年檥船松江垂虹亭下，亥年泛陽羨罨畫溪，子年守栝蒼，丑年内宿玉堂，寅年使虜次睢陽〔三〕，卯年自西掖出泊吴興城外，辰年歸石湖，巳、午年帥桂林，未、申年帥成都，而今酉年客武昌也。

癸未。泊鄂州南樓，月色如昨夜。

甲申。泊鄂州。蜀兵遠送者，封樁裹糧之具，至此當盡數貿易，非三日不可了，故為之留。

統帥李川邀看新寨。鄂營昔皆茇舍，今始易以瓦屋，方畢四分之一。登壓雲亭，則前後盡見，周絡井井，甚有條理。將司中又有雅歌、整暇二堂，皆面江山，登覽超勝。

乙酉、丙戌。泊鄂州。遣送兵之半歸成都。

丁亥。風作，不可行。

戊子。早解維欲出，江風不已，至暮逾甚，又留一夕。土人云：「江上社前後輒大風數日，謂之社風。上下水船悉不行。」果然。

己丑。社風稍緩，解維，小泊漢口。漢水自北岸出，清碧可鑑，合大江濁流，始不相入。行里許，則為江水所勝，渾而一色。凡水，自兩岸出於江者皆然。其行緩，故得澄瑩。大江如激箭，萬里奔流，不得不濁也。午後風息，通行百八十里，至三江口宿。三江之名所在多有，凡水參會處皆稱之。

庚寅。發三江口。辰時過赤壁，泊黄州臨皋亭下。赤壁，小赤土山也。未見所謂「亂石穿空」及「蒙茸」、「巉巖」之境，東坡詞賦微夸焉。

郡將招集東坡雪堂。郡東山壟重複，中有平地，四向皆有小岡環之。東坡卜居時，是亦有取於風水之説。前守鳩材欲作設廳，已而輟作雪堂，故稍宏壯。堂東小屋，榜曰東坡，堂前橋亭曰小橋，皆後人旁緣命之。對面高坡上，新作小亭曰高寒，姑取水調中語，非當時故實。然此亭正對東岸武昌數峰，亦登覽不凡處。

晚過竹樓，郡治後赤壁山上方丈一間耳。轉至棲霞樓，面勢正對落日，暉景既墮，晴霞亘天末，併染川流，醺黄酣紫，照映下上，蓋日日如此，命名有旨也。樓之規製甚工，問其人，則曰故相秦申王生於臨皐舟中，黄人作慶瑞堂於其處，近年撤而作棲霞云。

黄岡岸下素號不可泊舟，行旅患之。余舟亦移泊一灣渚中。蓋江為赤壁一磯所㩗，流轉甚駛，水紋有暈，散亂開合全如三峽，郡議欲開澳以歸宿客舟，未決。

辛卯。發黄州。四十里，過巴河。水清澈，自北岸入，濁流如漢口。通行二百三十里，至桐木溝宿。

壬辰。發桐木溝。八十里，至馬頭宿。

癸巳。發馬頭。百二十五里，至江州。泊琵琶亭，前守曹訓子序新作，通判吕勝己隸書琵琶行刻石左方。

甲午。泊江州，登庾樓，前臨大江，後對康廬，背、面皆登臨奇絶。又名山大川，悉萃此樓，他處不能兼有，此獨擅之。庾元亮故事，本是武昌南樓，後人以元亮嘗刺江州，故亦以庾名此樓。然景物則有南樓不逮者。樓下思白堂，正直廬山雙劍峰。相傳此名最不利，郡中每二百年輒有兵禍。父老久願更名，而無定論。余欲取東西二林所在，名之雙林。

乙未。泊江州。早出南門，去城百里，至濂溪。溪水闊尋丈，漫流荒田中，潴爲小湖。郡守潘慈明伯龍新作周先生祠堂及小亭於溪上。

三十里，至太平興國宫。在聖治峰下，左則香爐、石頂諸峰，右則獅子、蓮花諸峰，面對蘄、黄諸山，形勝之地也。宫之尊神曰九天採訪使者。唐開元中，見夢玄宗，作廟於此。南唐號升元府，本朝更宫名而加號使者曰應元保運。相傳唐創廟時，林木皆浮出江上，命曰神運云。紹興初，賊李成破江州，縱兵大掠，焚宫净盡，所存止外門數間。其後道士復修建，惟真君之殿差如法，餘率因陋就寡。從屋在山下及澗之外者，今皆灌木生之，猝不可復矣。又道士輩各自開户牖，荒凉之象可掬。

入山五里，至東林寺，晉惠遠師道場也。自晉以來，為星居寺，數十年前始更十方，樓閣堂殿，奇巧巨麗，然皆非晉舊屋。虎溪涓涓一溝，不能五尺闊，遠師送客，乃獨不肯過此，過則林虎又為號鳴焉。白蓮池亦不復種花，獨遠公與十八賢祠堂，猶榜曰蓮社。山上五杉閣，晉杉也。近年為主僧所伐。閣後舍利塔，鳩摩羅什所擕來以瘞者，其屋又南唐時所改作。獨聰明泉如故，商仲堪與遠公談易處也。

凡山之故物，如袈裟、麈扇，皆已不存。承平時獨有晉安帝輦、佛馱耶舍革舄、謝靈運貝葉經，更李成亂，今皆亡去。成屯此寺，故與西林併，得不爇，而唐以來諸刻皆無恙。最可稱者，李邕寺碑，開元十九年作。并張又新碑陰，大中十年作。李訥兀禪師碑，張庭倩書。顔魯公題碑之兩側，略云：

永泰丙午，真卿佐吉州。夏六月，次於東林。仰廬阜之爐峰，想遠公之遺烈。升神運殿，禮僧伽衣。觀生法師麈尾扇、謝靈運翻涅槃經、貝多梵夾，忻慕不足，聊寓刻於張、李二公耶舍禪師之碑側。

自魯公題後，世因傳此石為張李碑。又有柳公權復寺碑，大中十一年作，書法尤遒麗。又有李肇、蔡京、苗紳等碑，皆佳。

遠師塔，寺西數十步，晉杉存焉。出虎溪門，隔路有澗從東來，澗上峰如屏障，翠樾蒙密，絶似杭之靈隱之飛來峰下。余囑主僧法才作亭，名曰過溪，呼山夫鋤治作址，一夕畢。僧約以冬初可斷手。自是東林增一勝處，而余於山中亦附晉、唐諸賢以不朽矣。

寺東北隅有新作白樂天草堂。樂天元和十年爲州司馬，作堂香爐峰北遺愛寺南，往來遊處焉。後與寺並廢，今所作非元和故處也。

遠師塔西即西林寺，惠永師道場也。案：諸碑始於僞趙時竺曇現而成於惠永，規摹大略似東林而微小。此地舊名香谷，永先作此寺，遠徙而爲鄰，號東林，至今稱二林焉。主寺久不得人，廊廡缺壞，榛蔓生之，惟殿堂僅存。獨餘主院一僧，余入山時，亦藏逃不見。

寺有西林道場碑，隋太常博士渤海歐陽詢撰，大業十二年作，而不著書人姓名。筆意清潤，微有肉，酷似虞永興，然結字之體，則全是率更法。疑詢在隋時作此體，入唐始加勁瘦刻削也。顏魯公題其碑額之上，亦以永泰丙午歲遊東林時來。大略謂緬懷遠、現之遺烈，躋重閣，觀張僧繇畫佛像、梁武帝蹙綿繡錦囊，因題歐陽公譔永公碑陰。然其實乃題碑額之上，非碑陰也。碑陰别有大中時遊人題名，筆法亦不凡。

還，宿東林。

丙申。離東林。飯太平宫前草市中。過清虚庵，在撥雲峰下。晚，入城。

廬山雖號九屏，然其實不甚深。山行皆繞大峰之足，遠望只一獨山也。然比他山為最高，雲繞山腹則雨，雲翳山頂則晴。俗云：「廬山戴帽，平地安竈。廬山繫腰，平地安橋。」此語可與「灎澦如象，瞿唐莫上；灎澦如馬，瞿唐莫下」為對。

九月丁酉，朔。泊江州。風作，終日不行。

戊戌。風小止。巳時發江州，回望廬山漸東而高，不復迤邐之狀。過湖口，望大孤如道士冠立碧波萬頃中，亦奇觀也。

九十里，至交石夾，宿。

己亥。發交石夾。東望小孤如艾炷，午後過之。澎浪磯在其南。風起波作。又行食頃。通行八十里，泊潡背洲〔四〕。欲拍馬當，風甚不可前。江中有風，則白頭浪作，便不可行。

庚子。風未止，强移船數里，至馬當對岸小港中泊。

辛丑。風少緩，移舟五六里。風復作，波斯夾泊。夾中浪猶洶湧。

壬寅。泊波斯夾。日暮，風息月明，欲行，船人鬨云小龍見於岸側，競往觀，則已夜。

癸卯。發波斯夾，至皖口。北岸淮山相迎，綿延不絶。灊、皖、瑯琊，雲物縹緲，生平未曾著脚處也。南岸自牛磯、雁汊行幾二百里〔一五〕，至長風沙下口，宿〔一六〕。

甲辰。發長風沙。百里，午至池州池口，泊望淮亭，去城尚十餘里。夜，大風，舟楫摇蕩，通昔不寐〔一七〕。

乙巳。泊池州。入城，登九華樓，作重九。風雨陡作，懶至齊山，望之數里間。一土山極庳小，上有翠微亭，特以杜牧之詩傳耳。九華稍秀出，然不逮所聞。夜移舟出江，却入南湖口，泊非水亭〔一八〕。

丙午。離池州。十數里風作，泊清溪口。

丁未。泊清溪。九華所謂九峰者，至此始見之。

戊申。發清溪。泊長風沙。

己酉。發長風沙。入夾行。晚，泊太平州。

庚戌。登淩歊臺。臺宋武帝所作，為登臨往跡。更兵燼，重修草草，道徑亦蕪莽不治，塔寺亦蕭索。

辛亥。發太平州。

壬子。至建康府。泊賞心亭下。

癸丑。集玉麟堂。

甲寅、乙卯。泊建康。從留守樞密劉公行視新修外城。自賞心亭渡南岸，由舊二水亭基登小輿，轉至伏龜樓基，徘徊四望。金陵山本止三面，至此則形勢回互，江南諸山與淮山團圞應接，無復空闕。唐人詩所謂「山圍故國周遭在」者，惟此處所見為然。凡遊金陵者，若不至伏龜，則如未始遊焉。一城之勢，此地最高，如龜昂首狀。樓之外，即是坡壠綿延，無濠塹，自古為受敵處。相傳曹彬取李煜自此入也。行城十之九，乃下。登舟至清溪閣，南朝諸人為遊息處，比年修治為閣。及小圃傍，有空地，可種植。隸漕司，不可得。自清溪泛舟，還集玉麟。

丙辰。發建康。

丁巳。泊長蘆，襆被宿寺中，此為菩提達磨一葦浮渡處。寺在沙洲之上，甚雄傑。江波淙瀊，行且及門。寺前舊有居人，今皆蕩去。岸下不可泊舟，移在五里所一港中。

寺有一葦堂以祠達磨。

戊午。開啟法會慶聖節。道場畢，登舟。

己未。至鎮江府，聞已閉，運河淺淤，買小舟盤博，不勝煩勞。

庚申、辛酉。泊鎮江。

壬戌。發鎮江。久去江、浙，奔走川、廣，乍入舴艋，蕭然有漁釣舊想，不知其身之自天末歸也。

癸亥。晝夜行。

甲子。至常州。

乙丑。泊常州。

丙寅。發常州。平江親戚故舊來相迓者陸續於道，恍然如隔世焉。

冬十月丁卯，朔。雨中行不住。

戊辰。未至滸墅十里所泊。

己巳。晚，入盤門。

校勘記

〔一〕譚季壬德稱　底本原校：「季壬」一作「季士」。明抄本、庫本作「季士」。

〔二〕其下悉是石底自成都登舟至此始見清江　明抄本、庫本「悉」作「委」。説郛「清江」之後有「浩蕩」二字。

〔三〕俗號為四人　説郛「人」前有「種」字，下同。

〔四〕壁皆當時所畫　明抄本、庫本「當」作「唐」。

〔五〕今有石室處可辨也　庫本「今」作「又」，疑作「又」是。

〔六〕早遣人視瞿唐水齊　説郛本「齊」作「勢」。

〔七〕水未能盡漫草木　底本原校：「漫」一作「没」。明抄本、庫本、説郛本作「没」。

〔八〕前後蔽虧　説郛本「蔽虧」作「映帶」。

〔九〕二百十里　庫本無「十」字。

〔一〇〕而雨作矣則復以故土還覆之　「矣」後原有「雨」字，據明抄本删。

〔一一〕掘土而致雨　「土」原作「上」，據明抄本、庫本改。

〔一二〕如海之泙　明抄本、庫本「海」作「流」。

〔一三〕寅年使虜次睢陽　「虜」原作「金」，據明抄本改。

〔一四〕泊漖背洲　明抄本「漖」作「燩」，庫本作「鼇」。黄氏日鈔節文作「燩」。

〔一五〕南岸自牛磯雁汊行幾二百里　底本原校：「二」一作「三」。明抄本「二」作「三」。

〔一六〕至長風沙下口宿　説郛本「長風沙」作「大風汊」。以下「甲辰發長風沙」之「長風沙」亦作「大風汊」。按：以下戊申、己酉又言及「長風沙」。

〔一七〕通昔不寐　「昔」疑應作「夕」。

〔一八〕泊非水亭　庫本「非」注「闕」。「非」疑為「弄」之誤。輿地紀勝卷二十二江南東路池州景物下謂「有弄水亭，在通遠門外」。

宋黄震黄氏日鈔卷六十七吳船録節文

出蜀時筆也。當淳熙丁酉歲，録江行所見，今并考江流併合處抄下方。

江源自西戎來，由岷山澗壑出。世云江出岷山，自中國所見言之耳。岷在今永康軍。岷山之最近者曰青城山。其尤大者，曰大面山。大面山之後，皆西戎山。西域之雪山三峯，銀爛玉琢，闖出大面後，凡皆江源之所自來也。

秦太守李冰於今永康軍之離堆鑿崖中斷分岷江，一派入永康以至彭、蜀，支流自郫縣以至成都，二水合於成都之東郭，有合江亭，西取萬里橋。

公自東郭東下五里，至板橋灘，皆自蜀下峽灘之始也。過犀浦，過郫縣，凡百十里，至永康之離堆。四十五里，至青城山，有縣。七十五里至蜀州，有西湖。三十里，至江原縣，四十里，至新津縣，成都萬里橋下之江與岷江正派合於此。

自此順流，半日至眉州城下玻璃江。自眉至嘉，百二十里。半途有中巖，西州林泉最佳處。嘉州，凌雲舊名。青衣山，蠶叢氏之神也。凌雲寺有天寧閣，即大佛像所在。高三百六十尺，頂圍十丈，目廣二丈，為樓十三層。

觀之，嘉為衆水之會，導江、沬水與岷江皆合其下。沬水自巂州邛部合大渡河，穿夷界千山，由雅州來，渡雅州江，為大峨山，佛書所謂普賢示現處。去平地百里，盛夏擁重纊，大峨峰頂，天下絶觀。龍門峽又勝絶山間。

自嘉州百六十里，至犍為縣，又二百四十里，至叙州，古戎州也。有馬湖江，自夷中出，合大江。又十五里，有南廣江，亦來合大江。

自叙州二百八十里，至瀘州，有内江又自資、簡州來合大江瀘叙，江北岸皆夷界。

自瀘州百二十里，至合江縣。對江安樂山，出天符木葉，紋有符篆。

自合江三百二十里，至恭州。自此入峽路。大抵自西川至東川，風土已不同，至峽益陋。恭州乃在一大磐石上，水毒，生癭，自此至秭歸皆然。恭有嘉陵江，自利、閬、果、合等州來合大江。

自恭二百一十里，至涪州。黔江又自黔州來合大江，皆石底，清如玻瓈。自成都至此，始見清江。涪雖不與蕃部雜，舊亦夷俗，號四人，謂華人、巴人、廩君與盤瓠種也。自眉、嘉至涪，皆産荔枝。涪有妃子園。江自涪之羣猪灘，水始險。

二百餘里，至忠州。忠州百八十里，至萬州。比涪、恭尤蕭條。泝江入蜀者，率至萬州捨舟陸行，不兩旬，可至成都，舟行須十旬。萬州有西山，山半有湖，湖上有烟霏閣。

自萬州六十里，至開江口。水自開、達州來合大江。

又八十里，至雲安軍。百四十里，至夔州，魚復八陣圖在焉。水至夔州尤毒，飲輒生瘿。

自夔十五里，至瞿唐口，過灩澦，入峽。舊圖云：「灩澦大如樸，瞿唐不可觸；灩澦大如馬，瞿唐不可下。」而尤以如撒髮為惡，蓋必水漲没之，方可拂過其上也。峽中兩岸，高巖峻壁，斧鑿痕皴皴然。而黑石灘取險兩山束江驟起，邊高中窪，名茶槽齊，則萬萬不可行。漲盡掩草木，名青草齊，則可行。或未能盡淹，名草根齊，法亦不可涉。

十五里，至大溪口，水稍闊，夔峽之險紓矣。

七十里，至巫山縣。巫峽與夔異。夔峽須水漲，巫峽惟水退乃可。自縣行半里，即入峽。峽間陡暗，舉頭僅有天數尺，兩壁皆奇峰。如是者百餘里。十二峰皆在北岸，神女廟在峽口之三十五里，石刻稱雲華夫人助禹驅鬼神，斬石疏波有功，今封妙用真人。廟有神鴉送、迎客舟。

出峽二十里，至東奔灘，大渦掀舞。

二十里，過歸州之巴東縣。萊公祠與柏在焉。

九十里，至歸州。未至州數里，有叱灘，尤喜於東奔，連接城下。大灘名人鮓甕，狠石摶卧，據江十七八。歸為夔路，荒凉之極，楚熊纆啟山林於此，屈、宋、昭君，皆生此地。舊隸湖北，近屬夔，而財賦仍歸湖北。一州二屬，疲於奔命。

歸州五里，至白狗峽。岸皆大山，峽山奇峭。

三十里，至新灘。漢、晉山再崩，塞江，故尤險。

八十里，至黄牛峽。接扇子峽、蝦蟆培，在南壁半山，過此，則峽灘盡矣。

三十里，至平善壩。出峽，舟相賀處。

三十里，至峽州。古夷陵，三國時，吴、蜀界也。自漢嘉以來，東西三千里，南北綿亘，入蕃夷界，不知幾十萬峰。出夷陵西望，杳然無復一點。

自峽州四百七十里，至江陵。有沙市、渚宫、章華臺、龍山、息壤。

七十里，至公安縣。有二聖寺，金剛神也。

百二十五里，至石首縣。百七十里，至魯家洑。自此下岳陽，則洞庭出大江處，波浪連天，客舟多避之。

由魯家洑入沌，行百里荒，復出大江，至鄂州，泊鸚鵡洲。沿江數萬家，川、廣、荆、襄、淮、浙貿遷之地，名南市。南樓在黄鶴山上，甲於湖外。稍東為漢口。漢水自北岸出，合大江。

百八十里，至三江口。三江之名，凡水參會處皆稱之。過黄州赤壁。

四十里，至巴河。自北岸入大江如漢口。

自黄州四百七十五里至江州。登庾樓。遊廬山，復至江州。東下，過湖口，蓋彭蠡湖入大江處。

九十里，至交石夾。經澎浪磯。

凡八十里，至皣背洲。又經皖口、牛磯、雁汊，凡三百里，至長風沙上口。百里至池州池口，十里至池州。

又經清溪口、長風沙，凡五百七十餘里，至太平州。登凌歊臺，宋武帝作也。

至建康，登伏龜樓基，一城地勢最高處。相傳曹彬取李煜自此入。又百八十里，至京口，為浙矣。

謹按：江出岷山，其源實自西戎萬山來，至嘉州，而沫水自嶲州邛部合大渡河穿夷界十山以會之。至叙州，而馬湖江出自夷中以會之。又十五里，而南廣江會之。至瀘州，而内江又自資、簡等州會之。至恭州，而嘉陵江自利、閬、果、合等州會之。

至涪州，而黔江又自黔州合南夷諸水會之。至萬州，而開江水自開、達等州會之。夫然後總而入於峽。是江自峽而西，受大水凡八，及出峽而下岳陽，則會之者洞庭湖，所受湖南北諸郡水也。又自是而下鄂渚，則會之者漢口，所受興元諸郡水也。又自是而下黄州東四十里，則會之者巴河也。又自是而下江州，則會之者彭蠡，今名鄱陽湖，所受江東西諸郡水也。又自是而下，則會之者皖水，所受淮西諸郡水也。夫然後總而入於海。是以自峽而東，又受大水凡五。略計天下之水會於江者，居天地間之半。其名稱之大而可考者，凡十有三。故曰江源其出如甕，而能滔滔萬里以達海，所受者衆也。嗚呼，問學者可以觀矣。

附録

宋陳振孫直齋書録解題卷十一一則

吴船録一卷　范成大致能撰。自蜀帥東歸紀遊，取「門泊東吴萬里船」之語。

元脱脱等宋史一則

范成大吴船志一卷　卷二百三，志第一百五十六傳記類。

明陳宏緒題詞一篇

吴船録題詞：

王逸少爲王述所困，自誓去官，超然事物之外，然欲一游岷嶺，竟至死不果。蘇子瞻云「山水游放之樂，自是人生難必之事」，誠哉斯言。予夢想函關、劍棧垂三十年，殆今顛毛種種，亦卒未償此願。范石湖吴船録二卷，自成都至平江數千里，飽歷飫探，具有夙願。其紀大峨八十四盤之奇，與銀色世界兜羅綿雲，攝身清光，現諸異幻，筆端雷轟電掣，如觀戰於昆陽，呼聲動地，屋瓦振飛也。蜀中名勝，不遇石湖，鬼斧神工，亦但施其技巧耳，豈徒石湖之緣，抑亦山水之遭逢焉。幾亭陳士業書。知不足齋本卷首。

明金堡詩一首

閲吴船録遊大峨一則，極狀高寒，惜不見其全記，漫題遣興：

大峨境内吴船内，墨瀋疑將丹藥填。黄隔塵埃全墮地，白分綫縷巨成川。颷輪掃迹無飛鳥，雪掌排空有伏天。花卉不傳名字外，羽毛都出畫圖前。風枝偃蓋雲斜壓，露葉垂珠月倒懸。髮挂老苔長百尺，松蟠小塔瘦千年。幾重毳擁寒罏炭，萬歲澌流凍穴泉。碎擊玉砂非飯顆，高擎黍谷是山巔。聖燈亂落繁星起，古殿平臨帝座偏。版屋秋來踪自失，鷲峰西去脈同躔。尋經且未逢迦葉，呵壁應先問普賢。畢竟冰河難發焰，那教火宅易生蓮。偏行堂集卷十六。

清錢謙益絳雲樓書目一則

吴船録一卷　范成大撰，自蜀帥東歸紀游，取「門泊東吴萬里船」之句。卷二小説類。

清四庫全書總目提要一則

吴船録二卷。浙江鮑士恭家藏本。

宋范成大撰。成大於淳熙丁酉自四川制置使召還，取水程赴臨安，因隨日記所閲歷，作為此書。自五月戊辰，迄十月己巳，於古蹟形勝言之最悉，亦自有所考證，如釋繼業，紀乾德二年太祖遣三百僧往西方求舍利貝多葉書路程，為他説部所未載，頗足以廣異聞。又載所見蜀中古畫，如伏虎觀孫太古畫李冰父子像，青城山丈人觀孫太古畫黄帝及三十二仙真，長生觀孫太古畫龍虎，及牛心寺唐畫羅漢一版（二），皆可補黄休復益州名畫記所未及。又杜甫戎州詩「重碧拈春酒」句，印本「拈」或作「酟」，而成大謂叙州有碑本乃作「粘」字，是亦註杜集者所宜引據也。卷五十八。

清周中孚鄭堂讀書記一則

吴船録二卷。知不足齋叢書本。

宋范成大撰。四庫全書著録，宋志作吴船志一卷，誤也。石湖於淳熙丁酉由四川制置使召還，自五月戊辰離成都，迄十月己巳至平江止。數千里水程，案日紀載，於古迹形勝，記之最詳，又載所見古畫，多黄休復益州名畫記所未載，亦可以補其闕云。明季陳幾亭士業題詞有云：「蜀中名勝，不遇石湖，鬼斧神工，亦虚施其技巧耳，豈徒石湖之緣，抑亦山水之遭逢焉。」此數語盡之矣。卷二十四。

校勘記

〔一〕「牛心」原作「玩丹石」。提要作者偶誤，今正。

梅譜

目録

點校説明

梅譜是范成大的晚年作品。本書的通行本有：

一、宋刻百川學海本，書名作梅譜。

二、鉛印涵芬樓説郛本（卷七十），書名作范村梅譜。

三、宛委山堂説郛本（卷一百四），書名作梅譜。

四、四庫全書本，書名作范村梅譜。

五、墨海全壺本，書名作范村梅譜。

六、珠叢別録本，書名作范村梅譜。

兹所收之本為宋本，宋本刊刻精良，其他各本皆不及。并附有關研究資料於後。

孔凡禮　一九九七年十二月

序

梅，天下尤物，無問智賢愚不肖，莫敢有異議。學圃之士，必先種梅，且不厭多，他花有無多少，皆不繫重輕。余於石湖玉雪坡，既有梅數百本，比年又於舍南買王氏僦舍七十楹，盡拆除之，治為范村，以其地三分之一與梅。吴下栽梅特盛，其品不一，今始盡得之，隨所得為之譜，以遺好事者。

梅譜

江梅。遺核野生，不經栽接者。又名直脚梅，或謂之野梅。凡山間水濱，荒寒清絶之趣，皆此本也。花稍小而疏瘦有韻，香最清，實小而硬。

早梅。花勝直脚梅。吴中春晚，二月始爛熳，獨此品於冬至前已開，故得早名。錢塘湖上亦有一種，尤開早。余嘗重陽日親折之，有「横枝對菊開」之句。行都賣花者争先為奇，冬初折未開枝置浴室中，薰蒸令拆，强名早梅，終瑣碎無香。余頃守桂林，立春梅已過，元夕則嘗青子，皆非風土之正。杜子美詩云：「梅蕊臘前破，梅花年後多。」惟冬春之交，正是花時耳。

官城梅。吴下圃人以直脚梅擇它本花肥實美者接之，花遂敷腴，實亦佳，可入煎造。唐人所稱官梅，止謂在官府園圃中，非此官城梅也。

消梅。花與江梅、官城梅相似。其實圓小鬆脆，多液無滓。多液則不耐日乾，故不入煎造，亦不宜熟，惟堪青噉。北梨亦有一種輕鬆者，名消梨，與此同意。

古梅。會稽最多，四明、吴興亦間有之。其枝樛曲萬狀，蒼蘚鱗皴，封滿花身。又有苔鬚垂於枝間，或長數寸，風至，緑絲飄飄可玩。初謂古木久歷風日致然。詳考會稽所産，雖小株亦有苔痕，蓋别是一種，非必古木。余嘗從會稽移植十本，一年後花雖盛發，苔皆剥落殆盡。其自湖之武康所得者，即不變移。風土不相宜，會稽隔一江，湖、蘇接壤，故土宜或異同也。凡古梅多苔者，封固花葉之眼，惟罅隙間始能發花。花雖稀，而氣之所鍾，豐腴妙絶。苔剥落者則花發仍多，與常梅同。去成都二十里有卧梅，偃蹇十餘丈，相傳唐物也，謂之梅龍，好事者載酒遊之。清江酒家有大梅如數間屋，傍枝四垂，周遭可羅坐數十人。任子嚴運使買得，作凌風閣臨之，因遂進築大圃，謂之盤園。余生平所見梅之奇古者，惟此兩處為冠。隨筆記之，附古梅後。

重葉梅。花頭甚豐，葉重數層，盛開如小白蓮，梅中之奇品。花房獨出，而結實多雙，尤為瑰異。極梅之變，化工無餘巧矣。近年方見之。蜀海棠有重葉者，名蓮花海棠，為天下第一，可與此梅作對。

緑蕚梅。凡梅花跗蒂，皆絳紫色，惟此純緑，枝梗亦青，特為清高。好事者比之九疑仙人蕚緑華。京師艮嶽有蕚緑華堂，其下專植此本，人間亦不多有，為時所貴重。

吴下又有一種，蕚亦微緑，四邊猶淺絳，亦自難得。

百葉緗梅。亦名黄香梅。亦名千葉香梅。花葉至二十餘瓣，心色微黄，花頭差小而繁密，别有一種芳香。比常梅尤穠美，不結實。

紅梅。粉紅色。標格猶是梅，而繁密則如杏，香亦類杏。詩人有「北人全未識，渾作杏花看」之句。與江梅同開，紅白相映，園林初春絶景也。梅聖俞詩云：「認桃無緑葉，辨杏有青枝。」當時以為著題。東坡詩云：「詩老不知梅格在，更看緑葉與青枝。」蓋謂其不韻，為紅梅解嘲云。承平時，此花獨盛於姑蘇，晏元獻公始移植西岡圃中。一日，貴游賂園吏，得一枝分接，由是都下有二本。嘗與客飲花下，賦詩云：「若更開遲三二月，北人應作杏花看。」客曰：「公詩固佳，待北俗何淺耶！」晏笑曰：「傖父安得不然。」王琪君玉，時守吴郡，聞盗花種事，以詩遺公，曰：「館娃宫北發精神，粉瘦瓊寒露蕊新。園吏無端偷折去，鳳城從此有雙身。」當時罕得如此。比年展轉移接，殆不可勝數矣。世傳吴下紅梅詩甚多，惟方子通一篇絶唱，有「紫府與丹來换骨，春風吹酒上凝脂」之句。

鴛鴦梅。多葉紅梅也。花輕盈，重葉數層。凡雙果必並蒂，惟此一蒂而結雙梅，亦尤物。

杏梅。花比紅梅色微淡，結實甚匾，有斕斑色，全似杏，味不及紅梅。

蠟梅。本非梅類，以其與梅同時，香又相近，色酷似蜜脾，故名蠟梅。凡三種，以子種出，不經接。花小，香淡，其品最下，俗謂之狗蠅梅。經接，花疏，雖盛開，花常半含，名磬口梅，言似僧磬之口也。最先開，色深黄，如紫檀，花密香穠，名檀香梅。此品最佳。蠟梅香極清芳，殆過梅香，初不以形狀貴也。故難題詠。山谷、簡齋但作五言小詩而已。此花多宿葉，結實如垂鈴，尖長寸餘，又如大桃奴，子在其中〔一〕。

校勘記

〔一〕又如大桃奴子在其中　涵本説郛「奴」作「雙」。

後序

梅以韻勝，以格高，故以橫斜疏瘦與老枝怪奇者為貴。其新接穉木，一歲抽嫩枝直上，或三、四尺，如酴醿、薔薇輩者，吴下謂之氣條。此直宜取實規利，無所謂韻與格矣。又有一種糞壤力勝者，於條上茁短橫枝，狀如棘針，花密綴之，亦非高品。近世始畫墨梅，江西有楊補之者尤有名，其徒倣之者實繁。觀楊氏畫，大略皆氣條耳。雖筆法奇峭，去梅實遠。惟廉宣仲所作，差有風致，世鮮有評之者，余故附之譜後。

附録

宋陳振孫直齋書録解題一則

范村梅菊譜二卷　范成大至能撰。有園在居第之側，號范村。卷十農家類。

明陳第世善堂藏書目録一則

范村梅竹（按：當為「菊」之誤）合譜二卷　范成大，卷下。

清錢曾述古堂藏書目一則

范成大梅譜一卷抄，卷四。

清四庫全書總目提要一則

范村梅譜一卷。浙江鮑士恭家藏本。

宋范成大撰。成大有桂海虞衡志，已著録。此乃記所居范村之梅，凡十二種。前有自序，稱於石湖玉雪坡既有梅數百本，又於舍南買王氏僦舍七十楹，盡拆除之，治為范村，以其地三分之一與梅，吴下栽梅特盛，其品不一，今始盡得之，隨所得為之譜。蓋記其别業之所有，故以范村為目也。梅之名雖見經典，然古者不重其花，故離騷徧詠香草，獨不及梅。説苑始有越使執一枝梅遺梁王事，其重花之始歟？六朝及唐遞相賦咏，至宋而遂為詩家所最貴，然其裒為譜者，則自成大是編始。其所品評，往往與後來小異。如緑萼梅，今為常産，而成大以為極難得，是蓋古今地氣之異，故以少而見珍也。又楊无咎畫梅，後世珍為絶作，而成大後序乃謂其畫大略皆如吴下之氣條，雖筆法奇峭，去梅實遠，與宋孝宗詆无咎為村梅者所論相近，至嘉熙、淳祐間，趙希鵠作洞天清録，始稱江西人得无咎一幅梅，價不下百千匹，是又貴遠賤近之證矣。通考以此書與所作菊譜合為一編，題曰范村梅菊譜，二卷，然觀其自序，實别為書，今故仍分著於録焉。卷一百十五。

清周中孚鄭堂讀書記一則

范村梅譜一卷。百川學海本。

宋范成大撰。（按：注略）四庫全書著録。書録解題、文獻通考俱合菊譜作二卷，然前有自序，實専為梅譜而作，不得併合為一也。石湖有園在居第之側，號范村，所撰梅花凡十二種，每種為一則，蓋據吴郡所産其别業之所植者記之，非謂梅類止於此也。然梅譜則始於是編云。末有其所作後序，説郛、墨海金壺皆收入之。卷五十一。

菊譜

目録

點校説明

菊譜是范成大的晚年作品。本書的通行本有：

一、宋刻百川學海本，書名作菊譜。

二、鉛印涵芬樓説郛本（卷七十），書名作石湖菊譜，係節本。簡稱涵本。

三、宛委山堂説郛本（卷一百三），書名作菊譜，誤題宋彭城劉蒙撰，缺序；蒙乃北宋末人，别有菊譜傳世。此本實為范成大撰，簡稱宛本。

四、四庫全書本，書名作范村菊譜。

今以宋本為底本，校以涵本、宛本。并附有關研究資料於後。

孔凡禮　一九九七年十二月

序

山林好事者，或以菊比君子。其説以謂歲華晼晚，草木變衰，乃獨燁然秀發，傲睨風露，此幽人逸士之操，雖寂寥荒寒，而味道之腴，不改其樂者也。神農書以菊為養性上藥，能輕身延年，南陽人飲其潭水，皆壽百歲。使夫人者有為於當年，醫國庇民，亦猶是而已。菊於君子之道，誠有臭味哉！

月令以動、植志氣候，如桃、桐輩，直云「始華」，而菊獨曰「菊有黄華」，豈以其正色獨立，不伍衆草，變詞而言之歟！故名勝之士，未有不愛菊者，至陶淵明尤甚愛之，而菊名益重。又其花時，秋暑始退，歲事既登，天氣高明，人情舒閑，騷人飲流，亦以菊為時花，移檻列斛，輂致觴詠間，謂之重九節物。此雖非深知菊者，要亦不可謂不愛菊也。

愛者既多，種者日廣。吴下老圃，伺春苗尺許時，掇去其顛，數日則歧出兩枝，又掇之，每掇益歧。至秋，則一榦所出，數百千朵，婆娑團圞，如車蓋熏籠矣。人力勤，土又膏沃，花亦為之屢變。頃見東陽人家菊圖，多至七十種。淳熙丙午，范村所植，止得三十六種，悉為譜之。明年，將益訪求它品為後譜云。

菊譜

菊品〔一〕

黄花

勝金黄。一名大金黄。菊以黄為正，此品最為豐縟而加輕盈。花葉微尖，但條梗纖弱，難得團簇。作大本，須留意扶植乃成。

疊金黄。一名明州黄。又名小金黄。花心極小，疊葉穠密，狀如笑靨。花有富貴氣，開早。

棣棠菊。一名金餻子〔二〕。花纖穠，酷似棣棠。色深如赤金，它花色皆不及，蓋奇品也。窠株不甚高。金陵最多。

疊羅黄。狀如小金黄。花葉尖瘦，如剪羅縠，三兩花自作一高枝出叢上，意度瀟灑。

麝香黄。花心豐腴，傍短葉密承之。格極高勝。亦有白者，大略似白佛頂，而勝之遠甚。吴中比年始有。

千葉小金錢〔三〕。略似明州黄。花葉中外疊疊整齊，心甚大。

太真黄。花如小金錢，加鮮明。

單葉小金錢。花心尤大，開最早，重陽前已爛熳。

垂絲菊。花蕊深黄，莖極柔細，隨風動摇，如垂絲海棠。

鴛鴦菊。花常相偶，葉深碧。

金鈴菊。一名荔枝菊。舉體千葉細瓣，簇成小毬。如小荔枝。枝條長茂，可以攬結。江東人喜種之，有結爲浮圖樓閣高丈餘者。余頃北使過欒城，其地多菊，家家以盆盎遮門，悉爲鸞鳳亭臺之狀，即此一種。

毬子菊。如金鈴而差小。二種相去不遠，其大小名字，出於栽培肥瘠之别。

小金鈴〔四〕。一名夏菊花。如金鈴而極小，無大本。夏中開。

藤菊花。密條柔以長，如藤蔓，可編作屏障，亦名棚菊。種之坡上，則垂下裊數尺如纓絡，尤宜池潭之瀕。

十樣菊。一本開花，形模各異，或多葉，或單葉，或大，或小，或如金鈴。往往有六七色，以成數通名之曰十樣。衢、嚴間花黄，杭之屬邑有白者。

甘菊。一名家菊。人家種以供蔬茹。凡菊葉，皆深緑而厚，味極苦。或有毛。惟此葉淡緑柔瑩，味微甘，咀嚼香味俱勝。擷以作羹及泛茶，極有風致。天隨子所賦，即此種花。差勝野菊，甚美，本不繫花。

野菊。旅生田野及水濱，花單，葉極瑣細。

白花

五月菊。花心極大，每一鬚皆中空，攢成一匾毬。子紅白，單葉繞承之。每枝只一花，徑二寸，葉似同蒿，夏中開。近年院體畫草蟲，喜以此菊寫生。

金杯玉盤。中心黄，四傍淺白，大葉，三數層。花頭徑三寸，菊之大者不過此。本出江東，比年稍移栽吴下。此與五月菊二品，以其花徑寸特大，故列之於前。

喜容千葉。花初開，微黄，花心極小，花中色深，外微暈淡，欣然豐艷有喜色，甚稱其名。久則變白。尤耐封殖，可以引長七八尺至一丈，亦可攬結，白花中高品也。

御衣黄千葉。花初開，深鵝黄，大略似喜容，而差疏瘦。久則變白。

萬鈴菊。中心淡黄，鎚子傍，白花葉繞之。花端極尖，香尤清烈。

蓮花菊。如小白蓮花，多葉而無心，花頭疏，極蕭散清絶，一枝只一葩，緑葉，亦甚纖巧。

芙蓉菊。開就者如小木芙蓉，尤穠盛者如樓子芍藥，但難培植，多不能繁稱。

茉莉菊。花葉繁褥，全似茉莉，緑葉亦似之，長大而圓净。

木香菊。多葉，略似御衣黄。初開淺鵝黄，久則淡白。花葉尖薄，盛開則微卷。芳氣最烈，一名腦子菊。

酴醿菊。細葉稠疊，全似酴醿，比茉莉差小而圓。

艾葉菊。心小，葉單，緑葉，尖長似蓬艾。

白麝香。似麝香，黄花，差小，亦豐腴韻勝。

白荔枝。與金鈴同，但花白耳。

銀杏菊。淡白，時有微紅花，葉尖緑，葉全似銀杏葉。

雜　色〔五〕

波斯菊。花頭極大，一枝只一葩，喜倒垂下，久則微捲，如髮之鬈。

佛頂菊。亦名佛頭菊。中黄，心極大，四傍白花一層繞之。初秋先開白色，漸沁，微紅。

桃花菊。多葉，至四五重，粉紅色。濃淡在桃、杏、紅梅之間。未霜即開，最為妍麗，中秋後便可賞。以其質如白之受采，故附白花。

臙脂菊。類桃花菊，深紅淺紫，比燕脂色尤重，比年始有之。此品既出，桃花菊遂無顔色，蓋奇品也。姑附白花之後。

紫菊。一名孩兒菊。花如紫茸，叢茁細碎，微有菊香。或云即澤蘭也。以其與菊同時，又常及重九，故附於菊。

後序

菊有黄白二種，而以黄為正〔六〕。洛人於牡丹，獨曰花而不名。好事者於菊，亦但曰黄花，皆所以珍異之，故余譜先黄而次白〔七〕。陶隱居謂菊有二種，一種莖紫氣芳味甘，葉嫩可食，花微小者為真。其青莖細葉作蒿艾氣，味苦，花大，名苦薏，非真也。今吴下惟甘菊一種可食，花細碎，品不甚高。餘味皆苦，白花尤甚，花亦大。隱居論藥，既不以此為真，後復云「白菊治風眩」。陳藏器之説亦然。靈寶方及抱朴子丹法又悉用白菊〔八〕，蓋與前説相牴牾。今詳此，唯甘菊一種可食，亦入藥餌。餘黄白二花雖不可茹，皆可入藥，而治頭風則尚白者。此論堅定無疑，併附著於後。

校勘記

〔一〕菊品　此二字原缺，據涵本補。

〔二〕金餡子　宛本「餡」作「鎚」。

〔三〕千葉小金錢　涵本「錢」作「鈴」。

〔四〕小金鈴　涵本「小」上有「夏」字。

〔五〕雜色　此二字原缺，據涵本補。

〔六〕菊有黄白二種而以黄為正　「以」原作「二」，據涵本、宛本改。

〔七〕皆所以珍異之故余譜先黄而次白　「珍異」原作「貴珍」，今據涵本、宛本改。「余」原作「也」，據以上二本改。

〔八〕靈寶方及抱朴子丹法又悉用白菊　「又」原作「文」，據涵本、宛本改。

附録

宋謝采伯密齋筆記一則

菊譜，范石湖略，胡少瀹詳。卷三。

清錢曾述古堂藏書目一則

范成大菊譜一卷抄，卷四花木。

清四庫全書總目提要一則

范村菊譜一卷。浙江鮑士恭家藏本。

宋范成大撰。記所居范村之菊，成於淳熙丙午，蓋其以資政殿學士領宫祠家居時作。自序稱所得三十六種，而此本所載，凡黄者十六種，白者十五種，雜色四種，實止三十五種，尚闕其一，疑傳寫有所脱佚也。菊之種類至繁，其形色幻化不一，與芍藥、牡丹相類，而變態尤多，故成大自序稱東陽人家菊譜多至七十種，將益訪求他品為後譜也。今以此譜與史正志譜相核，其異同已十之五六，則菊之不能以譜盡，大概可睹，但各據耳目所及，以記一時之名品，正不必以挂漏為嫌矣。至種植之法，花史特出芟蕊一條，使一枝之力，盡歸一蕊，則開花尤大。成大此譜，乃以一榦所出數千百朵、婆娑團植為貴，幾於俗所謂千頭菊矣。是又古今賞鑒之不同，各隨其時之風尚者也。又案謝采伯密齋筆記稱，菊譜，范石湖略，胡少瀹詳。今考胡融譜尚載史鑄百菊集譜中，其名目亦互有出入，蓋各舉所知，更無庸以詳略分優劣耳。卷一百十五。

清周中孚鄭堂讀書記一則

菊譜一卷。百川學海本。

宋范成大撰。四庫全書著録，上有「范村」二字，乃據浙江鮑氏藏本。書録解題、文獻通考合梅譜作范村梅菊譜二卷。其自序亦稱范村所植止得三十六種，悉為譜之，知是本無「范村」二字者為左氏之所删也。其書首列定品一則，綴云花總數三十有五，以品視之，可以見花之高下，以花視之，可以知品之得失，次自龍腦以迄桃花，凡三十五種，每種各叙其形色出産而品評之，後附以雜記三則，中亦有「遂有三十五種」語，益知自序「三十六種」之「六」字，為「五」字之誤，非所列（按，「列」疑應作「所刻」）有佚脱也。謝采伯密齋筆記病此譜太略，不知但記其所有也。惟所載一幹出千朵者，南方謂之千頭菊，北方謂之滿天星，此至賤之品，而反以為貴，殊令人莫解耳。末有自作後序，説郛亦收入之。卷五十一。

唐宋史料筆記叢刊　書目

隋唐嘉話　朝野僉載
〔唐〕劉餗　〔唐〕張鷟

明皇雜録　東觀奏記
〔唐〕鄭處誨　〔唐〕裴庭裕

大唐新語
〔唐〕劉肅

唐語林校證
〔宋〕王讜

東齋記事　春明退朝録
〔宋〕范鎮　〔宋〕宋敏求

澠水燕談録　歸田録
〔宋〕王闢之　〔宋〕歐陽脩

龍川略志　龍川別志
〔宋〕蘇轍

東坡志林
〔宋〕蘇軾

默記　燕翼詒謀録
〔宋〕王銍　〔宋〕王栐

涑水記聞
〔宋〕司馬光

東軒筆録
〔宋〕魏泰

青箱雜記
〔宋〕吴處厚

齊東野語
〔宋〕周密

癸辛雜識
〔宋〕周密

邵氏聞見録
〔宋〕邵伯温

邵氏聞見後録
〔宋〕邵博

桯史
〔宋〕岳珂

游宦紀聞　舊聞證誤
〔宋〕張世南　〔宋〕李心傳

鐵圍山叢談
〔宋〕蔡絛

四朝聞見録
〔宋〕葉紹翁

春渚紀聞
〔宋〕何薳

蘆浦筆記
〔宋〕劉昌詩

鶴林玉露
〔宋〕羅大經

湘山野録　續録　玉壺清話
〔宋〕文瑩

泊宅編
〔宋〕方勺

老學庵筆記
〔宋〕陸游

西溪叢語　家世舊聞
〔宋〕姚寬　〔宋〕陸游

石林燕語
〔宋〕葉夢得　〔宋〕宇文紹奕考异

雲麓漫鈔
〔宋〕趙彦衛

鷄肋編
〔宋〕莊綽

清波雜志校注
〔宋〕周煇

建炎以來朝野雜記
〔宋〕李心傳

麟臺故事校證
〔宋〕程俱

師友談記　曲洧舊聞　西塘集耆舊續聞
〔宋〕李廌　〔宋〕朱弁　〔宋〕陳鵠

墨莊漫録　過庭録　可書
〔宋〕張邦基　〔宋〕范公偁　〔宋〕張知甫

侯鯖録　墨客揮犀　續墨客揮犀
〔宋〕趙令畤　〔宋〕彭□輯

北夢瑣言
〔五代〕孫光憲

南部新書
〔宋〕錢易

范成大筆記六種
〔宋〕范成大

容齋隨筆
〔宋〕洪邁

封氏聞見記校注
〔唐〕封演

開元天寶遺事　安禄山事迹
〔五代〕王仁裕　〔唐〕姚汝能

朝野類要
〔宋〕趙升

後山談叢　萍洲可談
〔宋〕陳師道　〔宋〕朱彧

愛日齋叢抄　浩然齋雅談　隨隱漫録
〔宋〕葉寘　〔宋〕周密　〔宋〕陳世崇

蘇氏演義（外三種）
〔唐〕蘇鶚　〔五代〕馬縞　〔唐〕李匡文

教坊記（外三種）
〔唐〕崔令欽　〔唐〕李德裕　〔唐〕鄭綮
〔唐〕段安節

丁晉公談録（外三種）

〔宋〕潘汝士 〔宋〕夷門君玉

〔宋〕孫升口述 〔宋〕劉延世筆録

〔宋〕孔平仲

奉天録（外三種）

〔唐〕趙元一 〔唐〕佚名 〔南唐〕尉遲偓

〔南唐〕劉崇遠

靖康緗素雜記

〔宋〕黄朝英

夢溪筆談

〔宋〕沈括

愧郯録

〔宋〕岳珂

錢塘遺事校箋考原

〔宋〕劉一清

曾公遺録

〔宋〕曾布

儒林公議

〔宋〕田況

雲溪友議校箋

〔唐〕范攄

嬾真子録校釋

〔宋〕馬永卿

王文正公筆録

〔宋〕王曾

王文正公遺事　清虚雜著三編

〔宋〕王素 〔宋〕王鞏

酉陽雜俎

〔唐〕段成式

新輯實賓録

〔宋〕馬永易

志雅堂雜鈔　雲煙過眼録　澄懷録

〔宋〕周密

大唐傳載（外三種）

不著撰人　〔唐〕張固　〔唐〕李濬　〔唐〕李綽

劉賓客嘉話録

〔唐〕韋絢

唐國史補校注

〔唐〕李肇

唐摭言校證

〔五代〕王定保

賓退録

〔宋〕趙與旹

北户録校箋

〔唐〕段公路　〔唐〕崔龜圖